知ってびっくり！

ことばのはじまり物語

監修　白梅学園大学学長　汐見稔幸

もくじ

あいさつ・ようすのことば

おうちの方へ

「ことばのはじまり」には、ちがった説がいくつかあります。この本では、その中でもっとも有力な説と思われるものや、お子さまに適切だと思われるものを取り上げています。これ以外にもさまざまな説があるということをご了承ください。

また、本文中の会話、本文に使われている絵の中の衣装、背景など、記録が正確に残っていないものについては、当時のようすやイメージを示すため、お子さまが興味をもって読めるように、独自にかきおこしている部分もあります。

食《た》べ物《もの》のことば

八《はち》こも食《た》べないのに、なぜ「お八《や》つ」というの？
～おやつ～

おいしいケーキやチョコレートなど、みんなが大《だい》すきな「おやつ」。「おやつ」とは、昼《ひる》ごはんと夕《ゆう》ごはんの間《あいだ》、午後《ごご》三時《じ》ごろにおかしやくだものを食《た》べたり、お茶《ちゃ》やジュースを飲《の》んだりすることですね。また、このときに食《た》べる食《た》べ物《もの》のことも「おやつ」とよびます。

さて、この「おやつ」、漢字《かんじ》では「お八《や》つ」と書《か》きます。おかしを八《はち》こ食《た》べる決《き》まりがあるわけでもないのに、なぜ「お八《や》つ」というのでしょう。

「おやつ」ということばは、*江戸時代《えどじだい》にできたといわれています。そのころは、今《いま》と時間《じかん》のよび方《かた》がちがっていて、おやつを食《た》べる午後《ご ご》三時《じ》ごろは、「八《や》つ（時《どき》）」とよばれていました。

もう、おわかりですね。「おやつ」というのは、「八《や》つ」のときに食《た》べる食《た》べ物《もの》、というところからできたことばなのです。

江戸時代《えどじだい》の中《なか》ごろまで、ほとんどの人《ひと》は朝《あさ》と夕《ゆう》にごはんを食《た》べるだけで、昼《ひる》ごはんは食《た》べませんでした。けれど、朝《あさ》ごはんを食《た》べただけでずっとはたらいていたら、おなかがすいてしまいます。そこで、「八《や》つ」の時間《じかん》に軽《かる》い物《もの》を食《た》べ、おなかをふくらませる習慣《しゅうかん》ができました。一日《にち》三食《しょく》をとるようになっても、そのころの習慣《しゅうかん》がのこっていて、三時《じ》になると「おやつ」を食《た》べているのです。

*江戸時代《えどじだい》…今《いま》からおよそ400年前《ねんまえ》の1603年《ねん》から1867年《ねん》までの時代《じだい》。

ところで、昔《むかし》の人《ひと》は、「おやつ」のときにどんな物《もの》を食《た》べていたのでしょうか。もちろん、今《いま》と同《おな》じようにおかしを食《た》べることもありましたが、おなかがいっぱいになるように、おにぎりやうどんなどを食《た》べることが多《おお》かったのです。今《いま》のわたしたちが考《かんが》える「おやつ」とは、ちょっとちがっていますね。

「走《はし》り回《まわ》る」ことが「ごちそう」のもとの意味《いみ》?
~ごちそう~

「今日《きょう》はたんじょう日《び》だから、ごちそうよ!」
こう言《い》われたら、うれしいですね。きっと食《しょく》たくには、おいしい食事《しょくじ》や「ごちそう」がたくさんならんでいることでしょう。
さて、この「ごちそう」ということば、漢字《かんじ》では「御馳走《ごちそう》」と書《か》きます。「御《ご》」は、ことばのはじめにつく、ていねいな言《い》い方《かた》です。
では、「馳走《ちそう》」というのはどういう意味《いみ》なのでしょう。「馳《ち》」は「馬《うま》を走《はし》らせる」、「走《そう》」は「はしる。かける」という意味《いみ》の漢字《かんじ》です。つまり、「馳走《ちそう》」というのは、もとは「馬《うま》などで走《はし》り回《まわ》る」という意味《いみ》のことばだったのです。

「どうして走《はし》り回《まわ》ることが、おいしい食事《しょくじ》とむすびつくの？」

そんな疑問《ぎもん》がうかんできますね。「馳走《ちそう》」ということばが、今《いま》のような意味《いみ》をあらわすようになったのは、どうしてなのでしょうか。

今《いま》、わたしたちはたいへんべんりな世《よ》の中《なか》にくらしています。たんじょう日《び》のごちそうをつくろうと思《おも》ったら、近所《きんじょ》のお店《みせ》やスーパーマーケットに行《い》けば、肉《にく》も魚《さかな》も野菜《やさい》も、たくさん売《う》っています。

しかし、昔《むかし》はこんなにべんりではありませんでした。ごうかな食《しょく》事《じ》をつくろうと思《おも》っても、何《なん》でも売《う》っているスーパーマーケットなどはありません。ですから、昔《むかし》の人《ひと》は、野《や》菜《さい》を買《か》うために農家《のうか》に行《い》ったり、魚《さかな》を買《か》うためにりょうしさんの所《ところ》に行《い》ったり、あちこちを走《はし》り回《まわ》って、料理《りょうり》に使《つか》うざいりょうをそろえたのです。

このようなことから、「馳走《ちそう》」ということばは、「料理《りょうり》のざいりょうをもとめて走《はし》り回《まわ》る」という意味《いみ》で使《つか》われるようになりました。やがてそれが変化《へんか》して、客《きゃく》を料理《りょうり》でもてなすことや、もてなすためのおいしい食事《しょくじ》をさすようになったのです。

トランプが大《だい》すきなはくしゃくが食《た》べたものは？
～サンドイッチ～

うすく切《き》ったパンの間《あいだ》に、野菜《やさい》やハム、たまごなどをはさんだ食《た》べ物《もの》のことを、「サンドイッチ」といいます。パン屋《や》さんやコンビニエンスストアなどで売《う》られている、よく知《し》られた食《た》べ物《もの》ですね。

この「サンドイッチ」、じつは人《ひと》の名前《なまえ》だった、ということを知《し》っていましたか。

今《いま》から二百《ひゃく》五十年《じゅうねん》ほど前《まえ》のことです。イギリスにサンドイッチはくしゃくく、という人《ひと》がいました。この人《ひと》は、とてもトランプがすきで、いつでもトランプを使《つか》った勝負《しょうぶ》をしていたそうです。

このサンドイッチはくしゃくには、なやみがありました。

「ずっとトランプをしていたいのに、食事《しょくじ》をする間《あいだ》はやめなければならない。なんとか、トランプをしながら食事《しょくじ》をすることはできないだろうか。」

そのためには、ナイフやフォーク、スプーンなどは使《つか》わないで、手《て》でつまんで食《た》べられるようなものにすればいい。そう考《かんが》えたサンドイッチはくしゃくによってつくりだされたのが、パンにいろいろなものをはさみ、手《て》づかみで食《た》べる、という食《た》べ物《もの》だったのです。
考《かん》え出《だ》した人《ひと》の名前《なまえ》をとって「サンドイッチ」とよばれるようになったこの食《た》べ物《もの》は、あっという間《ま》に国中《くにじゅう》に広《ひろ》まったそうです。

サンドイッチが日本に入《はい》ってきたのは、*明治時代《めいじじだい》です。日本が外《がい》国《こく》とのつきあいをさかんにし、政府《せいふ》や会社《かいしゃ》はたくさんの外国人《がいこくじん》をやとい入《い》れました。その中《なか》にいたイギリス人《じん》によって、サンドイッチは日本にしょうかいされました。一八九二年《ねん》（明治《めいじ》二十五年《ねん》）には、神奈川県《かながわけん》の大船駅《おおふなえき》ではじめてサンドイッチの駅弁《えきべん》が売《う》り出《だ》され、大《だい》ひょうばんになったといわれています。

*明治時代《めいじじだい》…今《いま》からおよそ140年前《ねんまえ》の1868年《ねん》から1912年《ねん》までの時代《じだい》。

「さかな」と「うお」って、どこがちがうの？

～魚《さかな》・まな板《いた》～

海《うみ》や川《かわ》で泳《およ》いでいる魚《さかな》のことを、わたしたちは「さかな」とよんだり「うお」とよんだりします。

今《いま》、この二《ふた》つのことばは同《おな》じように使《つか》われていますが、昔《むかし》はそうではありませんでした。「さかな」ということばは、もとは「酒菜《さかな》」と書《か》いた、といわれています。この漢字《かんじ》からわかるように、このことばはもともと、「酒《さけ》」を飲《の》みながら食《た》べる「菜《な》（おかずのこと）」、という意味《いみ》で使《つか》われていました。つまり、海《うみ》などで泳《およ》いでいる生《い》き物《もの》は「うお」とよび、食《た》べるために料理《りょうり》されたおかずを「さかな」とよんでいたのです。

日本では昔《むかし》から魚《さかな》がよくとれたために、魚《さかな》をおかずにすることが多《おお》かったのでしょう。やがて「さかな」ということばは、料理《りょうり》された魚《さかな》という意味《いみ》で使《つか》われるようになりました。さらに江戸時代《えどじだい》には、生《い》きている魚《さかな》をさすことばとして、「うお」のかわりに広《ひろ》く使《つか》われるようになった、といわれています。

さて、「さかな」などの食材《しょくざい》を切《き》るときに下《した》にしく板《いた》のことを、「まな板《いた》」といいますね。これもじつは魚《さかな》に関係《かんけい》のあることばです。

昔《むかし》の人《ひと》は、魚《さかな》と野菜《やさい》のことを、両方《りょうほう》とも「菜《な》」とよんでいました。それでは使《つか》い分《わ》けるときにふべんであることから、魚《さかな》をあらわす

「菜《な》」に「真《ま》」をつけて「真菜《まな》」とよぶことがあったのです。「まな板《いた》」は、「まな」を切《き》るためにしく「板《いた》」、つまり魚《さかな》を料理《りょうり》するときに使《つか》う板《いた》、ということからできたことばなのです。

魚《さかな》をあらわすときにつけた「真《ま》」ということばには、「もっともおいしい」という意味《いみ》がこめられています。昔《むかし》から、日本にすむ人《ひと》びとは魚《さかな》が大《だい》すきだったのですね。

料理人《りょうりにん》の「ちょう」さんが使《つか》っていた道具《どうぐ》
〜ほうちょう〜

「ほうちょう」は、料理《りょうり》をするとき、野菜《やさい》や肉《にく》などを切《き》る道具《どうぐ》です。このことばは、昔《むかし》の中国《ちゅうごく》にいた、「ちょう（丁《ちょう》）」という、料理《りょうり》の名人《めいじん》の名前《なまえ》をとってできた、といわれています。中国《ちゅうごく》では、料理《りょうり》

人《にん》のことを「ほう」というので、「ほうちょう」とは、「料理人《りょうりにん》のちょうさん」ということになります。

昔《むかし》、中国《ちゅうごく》に「ちょう」という名前《なまえ》の料理人《りょうりにん》がおり、その人《ひと》のみごとな料理《りょうり》のうで前《まえ》が大《だい》ひょうばんになりました。うわさを聞《き》いた中《ちゅう》国《ごく》の王《おう》さまは、ちょうさんをよんで料理《りょうり》をつくらせました。うわさどおりちょうさんはすばらしいうで前《まえ》で、持《も》っていた大《おお》きな刀《かたな》をふるい、みごとに肉《にく》を切《き》ってみせた、ということです。

このお話《はなし》が広《ひろ》まり、料理《りょうり》の名人《めいじん》のことを「ほうちょう」、その人《ひと》の使《つか》う刀《かたな》のことを「ほうちょう刀《とう》」とよぶようになりました。日本では、*室町時代《むろまちじだい》のころから、「ほうちょう刀《とう》」を短《みじか》くした「ほうちょう」ということばが使《つか》われるようになった、といわれています。

*室町時代《むろまちじだい》…今《いま》からおよそ670年前《ねんまえ》の1336年《ねん》から1573年《ねん》までの時代《じだい》。

この野菜《やさい》、どこからつたわってきたのかな?

~かぼちゃ・じゃがいも・きゅうり~

野菜《やさい》には、それが取《と》れる土地《とち》から名前《なまえ》がつけられたものが、たくさんあります。たとえば、「さつまいも」。このいもは、十七世紀《せいき》*のはじめに、「さつま（今《いま》の鹿児島《かごしま》）」につたわり、そこから日本全国《ぜんこく》へと広《ひろ》がっていきました。そこで、「さつま」という土地《とち》の名前《なまえ》をとって、「さつまいも」とよばれるようになったのです。

日本ではもともと取《と》れない野菜《やさい》が、外国《がいこく》からつたわってきたとき

*世紀《せいき》…年代《ねんだい》を100年《ねん》ごとに区切《くぎ》ってあらわすやり方《かた》。17世紀《せいき》は，1601年《ねん》から1700年《ねん》まで。1年《ねん》から100年《ねん》までを1世紀《せいき》とする。げんざいは、21世紀《せいき》。

には、その国《くに》の名前《なまえ》がつけられることもありました。

さて、それではここでクイズです。次《つぎ》の野菜《やさい》は、いったいどこの国《くに》からやってきたのでしょうか？

1　かぼちゃ　2　じゃがいも　3　きゅうり

「えっ、どれももともと日本で取《と》れる野菜《やさい》じゃないの？」と思《おも》う人《ひと》もいるかもしれませんね。しかし、じつはこれらの野菜《やさい》は昔外国《むかしがいこく》からつたわってきたものなのです。どこの国《くに》からやってきたのか、野菜《やさい》の名前《なまえ》の中《なか》にかくされていますよ。

1の「かぼちゃ」から見《み》ていきましょう。ほくほくとおいしいかぼちゃは、十六世紀《せいき》にポルトガルの船《ふね》に乗《の》って日本に入《はい》ってきました。そのとき、これは「カンボジア」からきた野菜《やさい》である、とつたえられたのです。その名前《なまえ》をとって、「かぼちゃ」とよばれるようになりました。正解《せいかい》は「カンボジア」。わかりましたか。

では、次《つぎ》に2の「じゃがいも」です。とても身近《みぢか》な野菜《やさい》ですね。このいもは、もとは「ジャガタラいも」とよばれていました。江《え》戸時代《どじだい》のはじめに、「ジャガタラ（今《いま》のインドネシアの首都《しゅと》・ジャカルタ）」から日本へとつたえられたので、この名前《なまえ》がつきました。やがて「ジャガタラいも」が短《みじか》くなり、「じゃがいも」とよばれるようになったのです。正解《せいかい》は、「ジャガタラ（ジャカルタ）」でした。

最後《さいご》に、「きゅうり」はどの国《くに》からやってきたのでしょう。正解《せいかい》は、「こ（胡《こ》）」です。「こ」というのは、中国《ちゅうごく》の北方《ほっぽう》や西方《せいほう》の広《ひろ》い地域《ちいき》のことをさします。きゅうりの原産国《げんさんこく》であるインドも、「こ」である、

と考《かんが》えられたのですね。「こ（胡《こ》）」からきた「うり（瓜《うり》）」という
ことから、「きゅうり（胡瓜《きゅうり》）」という名前《なまえ》がつけられたのです。
野菜《やさい》の名前《なまえ》の由来《ゆらい》を知《し》ると、その野菜《やさい》がどこからつたわってきたのかもわかるのですね。

「しゃくし」が「しゃもじ」にかわったのはどうして？

～しゃもじ～

ごはんをよそうときに使《つか》う道具《どうぐ》を、「しゃもじ」といいます。この道具《どうぐ》は昔《むかし》から使《つか》われてきましたが、もとは「しゃくし（杓子《しゃくし》）」といっていました。では、いったいなぜ、「しゃくし」が「しゃもじ」にかわったのでしょうか？

昔《むかし》、宮廷《きゅうてい》（天皇《てんのう》がすむ所《ところ》）や身分《みぶん》の高《たか》い人《ひと》の家《いえ》には、たくさんの

女《おんな》の人《ひと》がおつかえしていました。おつかえしている女《おんな》の人《ひと》のことを、「にょうぼう(女房《にょうぼう》)」とよびました。このにょうぼうたちは、なかまの間《あいだ》でだけ通用《つうよう》する、「にょうぼうことば(女房詞《にょうぼうことば》)」という、どくとくの、上品《じょうひん》なことばを使《つか》うことがありました。

たとえば、そのころのにょうぼうが「まあ、はずかしい」と言《い》いたかったとします。そのときに、「はずかしい」とは言《い》いません。かわりに、「はずかしい」の「は」の字《じ》だけを取《と》り、それに「もじ(文字《もじ》)」をつけて、「まあ、はもじ」と言《い》ったのです。同《おな》じように、「ゆかた」と言《い》わずに「ゆもじ」と言《い》ったり、「かみの毛《け》」のことを「かもじ」と言《い》ったりしました。このように、あることばのはじめの一《ひと》文字《もじ》を取《と》り、それに「もじ」をつける遠回《とおまわ》しな言《い》い方《かた》が、にょうぼうたちの間《あいだ》でたいへんこのまれていました。

さあ、では「しゃもじ」はどうでしょう。もうおわかりですね。にょうぼうたちは「しゃくし」の「しゃ」を取《と》り、それに「もじ」をつけて、「しゃもじ」と言《い》っていたのです。

「にょうぼうことば」は、今《いま》では使《つか》われなくなったものが、たくさんあります。しかし、この「しゃもじ」のように、世《よ》の中《なか》に広《ひろ》まって今《いま》でも使《つか》われていることばもあるのです。

故事成語《こじせいご》

井《い》の中《なか》のかわず

すんでいた井戸《いど》は、じつはせまかった！

昔《むかし》、小《ちい》さな井戸《いど》にすんでいる一ぴきのかえるがいました。このかえるが、あるとき、東《ひがし》の海《うみ》にすむ大《おお》きなかめに向《む》かって、自分《じぶん》のすんでいる井戸《いど》のことを自《じ》まんして、こう言《い》いました。

「ぼくのすんでいるこの井戸《いど》は、すばらしい所《ところ》なんですよ。ぼくは、この井戸《いど》でおどったり、かべのところで休《やす》んだり、水《みず》の中《なか》で泳《およ》いだりして、楽《たの》しくくらしています。こんなにたくさんの水《みず》をひとりじめできるなんて、最高《さいこう》ですね。どうです、君《きみ》もここに入《はい》ってきてごらんなさい。」

そこで、海《うみ》がめは井戸《いど》に入《はい》ろうとしました。ところが、井戸《いど》が小《ちい》さすぎて、左足《ひだりあし》がまだ入《はい》りきらないのに、右足《みぎあし》がもうつっかえてしまう、というありさまです。

海《うみ》がめは井《い》戸《ど》に入《はい》るのをあきらめ、後《あと》ずさりして外《そと》に出《で》ると、かえるに海《うみ》の話《はなし》をしました。

「わたしのすんでいる東《ひがし》の海《うみ》は、とてつもなく大《おお》きく、深《ふか》いのですよ。昔《むかし》、十年間《ねんかん》に九回《かい》のこう水《ずい》があったときにも、海《うみ》の水《みず》がふえることはありませんでした。ぎゃくに、八年間《ねんかん》に七回《かい》の日《ひ》照《で》りがあったときにも、海《うみ》の水《みず》がへることはありませんでし

た。どれだけ時間《じかん》がたっても全《まった》くかわらないし、こう水《ずい》や日照《ひで》りがあっても、水《みず》がふえたりへったりすることはありません。海《うみ》というのは、こんなにすばらしい所《ところ》なんですよ。」

海《うみ》がめの話《はなし》を聞《き》いたかえるは、おどろきのあまり、気《き》をうしないそうになった、ということです。

かえるは、自分《じぶん》がすんでいる井《い》戸《ど》が、海《うみ》とくらべたらとてもせまい所《ところ》だ、ということを知《し》らなかっ

たのですね。このお話《はなし》に出《で》てくるかえるのように、自分《じぶん》の身《み》の回《まわ》りの、とてもせまいはんいのことしか知《し》らない人《ひと》のことを、「井《い》の中《なか》のかわず」といいます。「かわず」というのは、「かえる」の古《ふる》い言《い》い方《かた》です。

また、このかえるが海《うみ》のことを知《し》らなかったことから、「井《い》の中《なか》のかわず、大海《たいかい》を知《し》らず」ともいうようになりました。

わたしたちは、このお話《はなし》のかえるのようにはならず、さまざまなことに目《め》を向《む》けて、広《ひろ》い世界《せかい》があることを知《し》るようにしたいですね。

漢字《かんじ》のお話《はなし》

①ものの形《かたち》からできた漢字《かんじ》

今《いま》、わたしたちが使《つか》っている漢字《かんじ》のほとんどは、大昔《おおむかし》に中国《ちゅうごく》でつくられ、日本につたわってきたものです。では、漢《かん》字《じ》って、どうやってつくられたと思《おも》いますか。

漢字《かんじ》のはじまりは、ものの形《かたち》を絵《え》のようにかいたものだった、といわれています。たとえ

ば「山《やま》」という漢字《かんじ》がありますね。これは、まん中《なか》が高《たか》い山《やま》の形《かたち》からつくられたのです。同《おな》じように、「川《かわ》」という漢字《かんじ》は水《みず》が流《なが》れているようすから、「木《き》」は、えだと根《ね》のある木《き》の形《かたち》から、それぞれつくられました。

また、太陽《たいよう》をあらわす「日《ひ》」という漢字《かんじ》は、まるの中《なか》に点《てん》がある形《かたち》がもとになっています。これは、太陽《たいよう》の中《なか》にカラスがすんでいる、という中国《ちゅうごく》のいいつたえがもとになってできたのだ、という説《せつ》があります。まるい太陽《たいよう》の中《なか》にからすがいることをあらわす絵《え》が、しだいに変化《へんか》して、「日《ひ》」という漢字《かんじ》になった、というわけです。

このように、ものの形《かたち》からつくられた漢字《かんじ》は、約《やく》六百《ぴゃく》字《じ》あるといわれています。

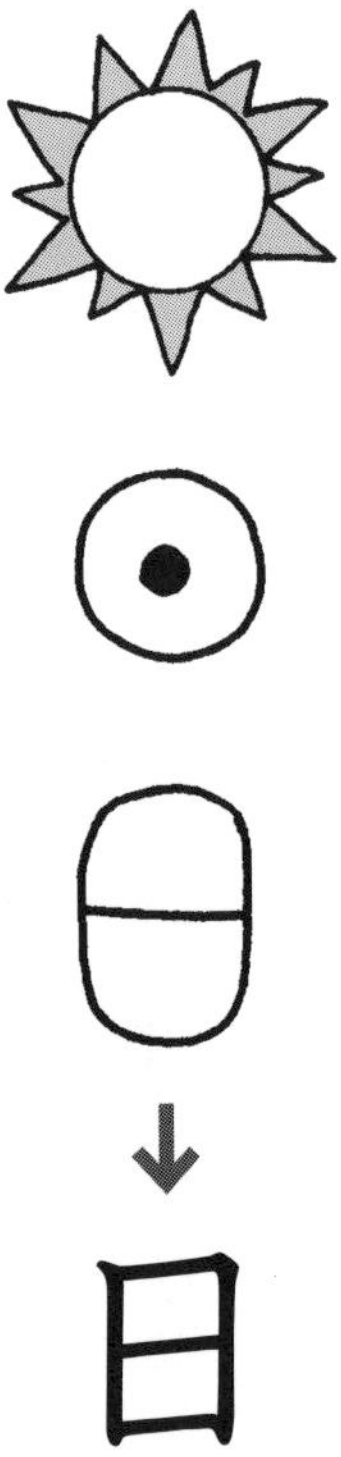

生《い》き物《もの》のことば

昔《むかし》、うさぎは鳥《とり》だった？
～うさぎ～

もし、「うさぎってどんな動物《どうぶつ》？」と聞《き》かれたら、あなたはどう説明《せつめい》しますか。

「長《なが》い耳《みみ》をもち、ぴょんぴょんはねる動物《どうぶつ》だよ。」

こんなふうに説明《せつめい》する人《ひと》が多《おお》いの

ではないでしょうか。

うさぎは、昔《むかし》「う」といいました。この名前《なまえ》がどうやってできたのかについてはいろいろな説《せつ》がありますが、その中《なか》の一《ひと》つに、はねるうさぎのすがたが鳥《とり》のように見《み》えたからではないか、という説《せつ》があります。昔《むかし》の人《ひと》は、長《なが》い耳《みみ》をふってすばやくとびはねるうさぎを見《み》て「鳥《とり》がとんでいるようだ」とかんちがいし、そこから「鳥《とり》の羽《はね》」という意味《いみ》をあらわす「う(羽《う》)」という名前《なまえ》がつけられたのだ、というのです。また、「さぎ」という部分《ぶぶん》も、水辺《みずべ》にすんでいる白《しろ》くてあしの長《なが》い鳥《とり》の名前《なまえ》からつけられたのではないか、といわれています。

さて、日本語《ご》には物《もの》を数《かぞ》えるときに使《つか》う、決《き》まったことばがあります。たとえば本《ほん》なら「一さつ、二さつ」と数《かぞ》えますし、くつなら「一足《そく》、二足《そく》」と数《かぞ》えますね。

それでは、うさぎはどのように数《かぞ》えるのでしょう。

ふつう、犬《いぬ》やねこのような動物《どうぶつ》を数《かぞ》えるときには、「一ぴき、二ひき」ということばを使《つか》って数《かぞ》えます。それと同《おな》じように、うさぎも「ひき」ということばを使《つか》って数《かぞ》えるように思《おも》えるのですが、じつはちがいます。うさぎは、すずめやにわとりなどの鳥《とり》を数《かぞ》えるときと同《おな》じように、「一羽《わ》、二羽《わ》」と数《かぞ》えるのです。

名前《なまえ》の由来《ゆらい》だけではなく、数《かぞ》え方《かた》にも鳥《とり》と共通点《きょうつうてん》があるなんて、おもしろいですね。

たぬきはねたふりをするって、本当《ほんとう》かな？
〜たぬきね入《い》り〜

たぬきは、人間《にんげん》のすむところからあまり遠《とお》くない野山《のやま》にいる動物《どうぶつ》です。だからでしょうか、ことわざや日本の昔話《むかしばなし》には、「かちかち山《やま》」をはじめ、たぬきが登場《とうじょう》するものがたくさんあります。

「かちかち山《やま》」は、おばあさんやおじいさんをだましたずるがしこいたぬきが、うさぎにこらしめられる、というお話《はなし》ですね。このお話《はなし》にもあるように、たぬきは昔《むかし》から、人《ひと》をだます生《い》き物《もの》と考《かんが》えら

れていました。「たぬき」という名前《なまえ》も、人《ひと》のたましいをぬいてしまう、という意味《いみ》の「たまぬき」ということばが短《みじか》くなってできたのだ、といわれています。

さて、たぬきが登場《とうじょう》する有名《ゆうめい》なことばに、「たぬきね入《い》り」というものがあります。これもたぬきが人《ひと》をだます、ということからつくられたことばです。

昔《むかし》、りょうしさんがたぬきを見《み》つけ、てっぽうでうちました。すると、たぬきはばったりとたおれたので、「よし、しとめたぞ」と思《おも》い、そばに近《ちか》よりました。すると、どうでしょう。死《し》んだはずのたぬきがむっくりと起《お》き上《あ》がり、にげていくではありませんか！

このような話《はなし》をもとに、都合《つごう》が悪《わる》いことがあったとき、ねむったふりをすることを、「たぬきね入《い》り」というようになったのです。

もちろん、じっさいには、たぬきがわざとねたふりをして人《ひと》をだます、ということはありません。じつは、たぬきはとても気《き》の小《ちい》さな生《い》き物《もの》で、いきなりてっぽうの音《おと》がすると、おどろきのあまり、少《すこ》しの間《あいだ》気《き》をうしなったようになるのだそうです。昔《むかし》の人《ひと》は、そのようなたぬきのようすを見《み》て、ねたふりをして人《ひと》をだまし、にげ出《だ》したのだ、とかんちがいしたのですね。

大事《だいじ》なものを「とらの子《こ》」というのはどうして？
～とらの子《こ》～

とら（虎《とら》）は、ねこのなかまの大《おお》きな動物《どうぶつ》です。アジアの森林《しんりん》にすむこの肉食《にくしょく》の動物《どうぶつ》は、黄色《きいろ》い地《じ》に黒《くろ》いしまもようが入《はい》った毛皮《けがわ》をもち、大《おお》きなものでは体長《たいちょう》が三メートルにもなるそうです。

もともと、野生《やせい》のとらは日本にはいませんが、おとなりの朝鮮半《ちょうせんはん》島《とう》や中国《ちゅうごく》にはたくさんすんでいました。そこから本《ほん》や絵《え》などがつたわり、日本の人《ひと》びとも古《ふる》くからこの生《い》き物《もの》のことをよく知《し》っていました。とくに、武士《ぶし》が活《かつ》やくしていた時代《じだい》には、空想上《くうそうじょう》の動物《どうぶつ》であるりゅうと、とらを組《く》み合《あ》わせてえがいたいさましい絵《え》が、たいへんこのまれたといわれています。

さて、いさましくておそろしい動物《どうぶつ》である、というイメージが強《つよ》いとらですが、一方《いっぽう》では子《こ》どもをかわいがり、とても大事《だいじ》に守《まも》り育《そだ》てる動物《どうぶつ》だ、ともいわれています。そこから「とらの子《こ》」ということばができました。これは、親《おや》のとらが子《こ》どもを大切《たいせつ》にするように、とても大事《だいじ》で手放《てばな》せないものや、大切《たいせつ》にしまいこんであるお金《かね》のことをたとえていうことばです。また、「虎穴《こけつ》に入《い》らずんば虎子《こじ》を得《え》ず」

ということわざもできました。少《すこ》しむずかしいことばですが、「とらのすむあなに入《はい》らなければ、とらの子《こ》どもは手《て》に入《はい》らない」という意味《いみ》で、「多少《たしょう》のきけんをかくごしないと、大切《たいせつ》なもの（とらの子《こ》）は手《て》に入《はい》らないのだ」ということを教《おし》えたことわざです。

日本にはすんでいない動物《どうぶつ》であるとらが、このように広《ひろ》く人《ひと》びとに知《し》られ、ことわざにもなっている、というのはおもしろいですね。

とらは、きけんな動物《どうぶつ》であるとされて昔《むかし》からころされてきたため、今《いま》では数《かず》がへってしまい、ぜつめつするのではないか、と心配《しんぱい》されています。

いもり、やもり、こうもり、共通点《きょうつうてん》は何《なに》？

〜いもり・やもり・こうもり〜

あなたは、とかげににたすがたをしていて、赤《あか》いおなかをしている「いもり」という生《い》き物《もの》を知《し》っていますか。この生《い》き物《もの》は、池《いけ》や井戸《いど》など、水《みず》のある場所《ばしょ》でよく見《み》られることから、「井《い》（水《みず》をくみ出《だ》すところ）を守《まも》る生《い》き物《もの》」と考《かんが》えられ、「いもり（井守《いもり》）」という名前《なまえ》になった、といわれています。

同《おな》じように、とかげににた外見《がいけん》の生《い》き物《もの》で、「やもり」という名《な》

いもり

前《まえ》をもっているものもいます。この生《い》き物《もの》は、人《ひと》の家《いえ》にすみ、カやハチのように人《ひと》をさす害虫《がいちゅう》を食《た》べることから、「屋《や》（家《いえ》などの建物《たてもの》）を守《まも》る生《い》き物《もの》」と考《かんが》えられ、「やもり（屋守《やもり》）」という名前《なまえ》になりました。

さて、この二しゅるいの生《い》き物《もの》の名前《なまえ》と、よくにた名前《なまえ》に「こうもり」があります。つばさをもち、鳥《とり》のように空《そら》をとぶ動物《どうぶつ》・こうもりは、何《なに》を守《まも》る生《い》き物《もの》なのでしょう。

こうもりは、夕方《ゆうがた》や夜《よる》になると、えさになる小《ちい》さな虫《むし》などをつかまえるために、川岸《かわぎし》などをとび回《まわ》ります。また、橋《はし》の下《した》の部分《ぶぶん》につかまり、ぶら下《さ》がって休《やす》んでいるところもよく見《み》かけます。そのようなすがたを見《み》た昔《むかし》の人《ひと》は、こうもりのことを「河《かわ》を守《まも》る生《い》き物《もの》」

だと考《かんが》えました。そこからついた名前《なまえ》が、「かわもり（河守《かわもり》）」です。この名《な》前《まえ》がしだいに「かうもり」になり、やがてげんざいの「こうもり」へと変化《へんか》したのだ、と考《かんが》えられています。

いもり、やもり、こうもり、これらの名前《なまえ》からは、昔《むかし》の人《ひと》たちが、身近《みぢか》にすむいろいろな生《い》き物《もの》たちに守《まも》られて生《い》きているのだ、と考《かんが》えていたことがわかりますね。

こうもり

やもり

ちゅんちゅんと鳴《な》く鳥《とり》の名前《なまえ》は？
～すずめ・つばめ・かもめ～

すずめという鳥《とり》は、日本にすむ人《ひと》びとにとって、たいへん親《した》しみのある鳥《とり》です。庭《にわ》の植木《うえき》などに止《と》まって、ちゅんちゅんと鳴《な》いているすがたを、あなたも見《み》たことがあるのではないでしょうか。

鳥《とり》の名前《なまえ》には、鳴《な》き声《ごえ》や鳴《な》き方《かた》をもとにしてつけられた、と考《かんが》えられるものがたくさんあります。この「すずめ」という名前《なまえ》もその一《ひと》つ。「すず」という部分《ぶぶん》が、すずめの鳴《な》き声《ごえ》の「ちゅ(ん)ちゅ(ん)」をあらわしている、といわれています。また、「め」ということばは、鳥《とり》の名前《なまえ》によくつけられることばで、「むれ」が変化《へんか》したものだ、といわれています。つまり、すずめという名前《なまえ》は、「ちゅちゅと鳴《な》き、むれをつくる鳥《とり》」ということからつけられた名前《なまえ》なのですね。

これとよくにたやり方《かた》で名前《なまえ》がついた鳥《とり》が、ほかにもいます。まず、「つばめ」。春《はる》になると日本にやってきて、秋《あき》になると南《みなみ》にもどっていくわたり鳥《どり》です。人《ひと》のすむ家《いえ》の近《ちか》くにすをつくるので、よく見《み》られる鳥《とり》ですね。これも、「つば」の部分《ぶぶん》が「ちゅば、ちゅば」と鳴《な》く鳥《とり》の声《こえ》を、「め」の部分《ぶぶん》が「むれ」をあらわしている、と考《かんが》えられています。

もう一《ひと》つ、「かもめ」という鳥《とり》もいます。白《しろ》い大《おお》きなつばさをもち、むれをつくって海《うみ》でくらしている鳥《とり》です。この鳥《とり》の名前《なまえ》は、「かも」の部分《ぶぶん》が「かま（うるさい、という意味《いみ》のことば）」が変化《へんか》したもの、「め」の部分《ぶぶん》は、すずめやつばめと同《おな》じように、「むれ」をあらわしている、と考《かんが》えられます。「うるさく鳴《な》きさわぎ、むれをつくる鳥《とり》」ということから、「かもめ」という名前《なまえ》がつけられたのですね。

このように見《み》てくると、それぞれの鳥《とり》の鳴《な》き声《ごえ》や鳴《な》き方《かた》と、鳥《とり》の名前《なまえ》の間《あいだ》には、深《ふか》いつながりがあることがわかります。

こみ合《あ》っていることを「めじろおし」というのは、なぜ？

～めじろおし～

「あそこのラーメン屋《や》さんは大人気《だいにんき》で、客《きゃく》がめじろおしになっている。」

こう聞《き》いたら、ラーメン屋《や》さんにたくさんのお客《きゃく》さんが集《あつ》まり、こみ合《あ》っている、ということがわかりますね。あるいは、「今週《こんしゅう》は、楽《たの》しい行事《ぎょうじ》がめじろおしだ。」

というように、人《ひと》ではなく、行事《ぎょうじ》などがたくさんつづいているときにも、このことばは使《つか》われます。人《ひと》や行事《ぎょうじ》などがぎっしりとこみ合《あ》っていることを「めじろおし」というのは、どうしてなのでしょう。

このことばは、漢字《かんじ》では「目白押《めじろお》し」と書《か》きます。「めじろ（目白《めじろ》）」とは、きれいな緑色《みどりいろ》をした小鳥《ことり》で、目《め》のまわりにくっきりと白《しろ》いわがあります。このとくちょうから、「めじろ」という名前《なまえ》がつきました。

めじろという鳥《とり》は、夏《なつ》にはおすとめすがすをつくってたまごを生《う》み、ひなを育《そだ》てます。そして、子育《こそだ》てが終《お》わった秋《あき》から冬《ふゆ》にかけて、林《はやし》などに集《あつ》まって、むれをつくってくらしています。

めじろには、同《おな》じ所《ところ》に集《あつ》まるという習性《しゅうせい》があり、とくに秋《あき》や冬《ふゆ》には、木《き》のえだにむれをなして集《あつ》まっているのを見《み》ることができます。ぎっしりと集《あつ》まっためじろたちが、えだの上《うえ》でおし合《あ》いをしているかのようなようすをまねて、子《こ》どもたちが大《おお》ぜいでおし合《あ》う遊《あそ》びができました。この遊《あそ》びのことを、「めじろおし」といいます。

やがて、このことばは遊《あそ》びにかぎらずいろいろな場面《ばめん》で使《つか》われるようになりました。そして、人《ひと》や行事《ぎょうじ》などが集《あつ》まってこみ合《あ》っているようすのことを、広《ひろ》く「めじろおし」というようになったのです。

文字《もじ》もないのに、何《なに》をどうやって「さばを読《よ》む」の？
～さばを読《よ》む～

お母《かあ》さんが、八千円《せんえん》で買《か》ってきた新《あたら》しいくつについて、お友《とも》だちと話《はなし》をしていたとします。

「あら、すてきなくつね。高《たか》かったんじゃないの？」

お友《とも》だちにそう言《い》われて、お母《かあ》

すてきな
くつね
1万円
だったのよ
8000円

さんは少《すこ》しとくいそうに言《い》いました。

「そうね。一万円《まんえん》だったのよ。」

おや、おかしいですね。本当《ほんとう》は八千円《せんえん》だったのに、お母《かあ》さんは一万円《まんえん》と言《い》っています。このように、数《かず》をごまかしてじっさいよりも多《おお》く、または少《すく》なく言《い》うことを、「さばを読《よ》む」と言《い》います。

「さば」というのは、青《あお》い色《いろ》をした、海《うみ》にすむ魚《さかな》です。日本のそばの海《うみ》でたくさんとれるおいしい魚《さかな》なので、昔《むかし》から日本人《じん》はさばがすきで、にたりやいたりして食《た》べてきました。

しかし、どうして数《かず》をごまかすことを、「さばを読《よ》む」というのでしょう。そもそも、魚《さかな》のさばを、どうやって「読《よ》む」のでしょう。

じつは、「読《よ》む」ということばには、「めもりを読《よ》む」などの使《つか》い方《かた》に見《み》られるように、「数《かぞ》える」という意味《いみ》があります。つまり、「さばを読《よ》む」というのは、文字《もじ》を読《よ》むわけではなく、「さばを数《かぞ》える」ということなのです。

昔《むかし》、魚市場《うおいちば》で売《う》られているさばは、切《き》り身《み》を二まい重《かさ》ねたものを「一連《いちれん》」として数《かぞ》えるのが決《き》まりでした。そこで、商人《しょうにん》がさばを売《う》るときに、「二、四、六……」ととばして数《かぞ》えたことから、このことばができた、といわれています。

また、さばはたいへんくさりやすい魚《さかな》なので、売《う》るときに大急《おおいそ》ぎでとばして数《かぞ》えたから、という説《せつ》もあります。どちらにしても、「数《かず》をとばす」から「さばを読《よ》む」ということばができたのですね。

テントウムシは神《かみ》さまのおつかい？
～テントウムシ～

テントウムシは、丸《まる》いせ中《なか》にあざやかな赤《あか》と黒《くろ》のもようが入《はい》った、小《ちい》さな虫《むし》です。多《おお》くの人《ひと》にあいされ、かわいがられているこん虫《ちゅう》です。

この虫《むし》の名前《なまえ》、漢字《かんじ》では「天道虫《てんとうむし》」と書《か》きます。「天道《てんとう》」とは、太陽《たいよう》のこと。また、天《てん》や地《ち》をおさめている神《かみ》さまをさすことばでもあります。わずか一センチメートルくらいの小《ちい》さな虫《むし》の名前《なまえ》にして

は、ずいぶんと大《おお》げさな名前《なまえ》だと思《おも》いませんか。

じつは、ほかの国《くに》でも、この虫《むし》には意味《いみ》のよくにた名前《なまえ》がつけられています。テントウムシは、ヨーロッパの人《ひと》びとにはとてもこのまれている虫《むし》ですが、フランスやイギリスなどでは、この虫《むし》を「マリアさまの虫《むし》」や、「神《かみ》さまの虫《むし》」という名《な》でよんでいます。また、中国《ちゅうごく》には、この虫《むし》は天《てん》の神《かみ》さまの使《つか》いであり、王《おう》さまがまちがったことをすると、それをつたえにくる、という言《い》いつたえがあります。

このようにいろいろな国《くに》で、テントウムシが天《てん》の神《かみ》さまと関係《かんけい》がある、と考《かんが》えられている理由《りゆう》の一《ひと》つは、この虫《むし》が高《たか》い所《ところ》にのぼっていき、そこからとび立《た》つ、という習性《しゅうせい》をもっているからだ、といわれています。じっさいに、テントウムシを手《て》に乗《の》せると、指先《ゆびさき》のほうへとのぼっていって、そこからとび立《た》っていきます。このような習性《しゅうせい》から、テントウムシは太陽《たいよう》に向《む》かってとんでいく虫《むし》、天《てん》の神《かみ》さまの使《つか》いの虫《むし》、といった言《い》いつたえが生《う》まれたのでしょう。

フランスでは、つかまえたテントウムシをにがしてあげると、とび立《た》ったその虫《むし》は天《てん》にのぼり、死《し》んだあとに天《てん》国《ごく》に行《い》けるようにじゅんびをしてくれる、というお話《はなし》ものこっています。空《そら》にとび立《た》っていくテントウムシのすがたに、人《ひと》びとはいろいろな思《おも》いをよせたのですね。

おわんにかみつく虫《むし》の正体《しょうたい》は?

~ごきぶり~

台所《だいどころ》の電気《でんき》をつけると、さっと物《もの》かげに消《き》えていく黒《くろ》いすがた。多《おお》くの人《ひと》にきらわれている虫《むし》、ごきぶりです。

ごきぶりは、大昔《おおむかし》から生《い》きているこん虫《ちゅう》です。家《いえ》の中《なか》にすんでいることが多《おお》いので、わたしたちにとって、もっとも身近《みぢか》な虫《むし》の一《ひと》つ

といってよいでしょう。じつは、この虫《むし》につけられた「ごきぶり」という名前《なまえ》は、わたしたち人間《にんげん》のくらしとこの虫《むし》とが、深《ふか》くかかわっているることを教《おし》えてくれるのです。

ごきぶりは、もとは「ごきかぶり」とよばれていた、といわれています。「ごき（御器《ごき》）」というのは、食《た》べ物《もの》を入《い》れておくおわんのことです。「かぶり」というのは、「かじり」と同《おな》じ意味《いみ》のことばで、「いきおいよくかみつく」という意味《いみ》があります。

今《いま》でも、夏《なつ》においしいすいかを食《た》べようとして、大《おお》きな口《くち》を開《あ》けてがぶりとかみつくときには、「すいかにかぶりつく」と言《い》いますね。この「かぶりつく」の「かぶり」が、「ごきかぶり」の「かぶり」と同《おな》じことばです。

さあ、これで「ごきかぶり」ということばの由来《ゆらい》がわかりましたね。人《ひと》の食《た》べ物《もの》を入《い》れておく「おわんにかみつく虫《むし》」ということから、この虫《むし》は「ごきかぶり」と言《い》われるようになったのです。やがて、それが短《みじか》くなって、「ごきぶり」になりました。

秋田県《あきたけん》などには、ごきぶりのことを「かまど虫《むし》」とよぶ所《ところ》がありますす。「かまど」というのは、昔《むかし》の家《いえ》にあった、食《た》べ物《もの》をにたりやいたりするための場所《ばしょ》です。「かまど虫《むし》」というよび方《かた》からも、「ごきぶり」というよび方《かた》からも、ごきぶりと人《ひと》のくらしが、切《き》りはなせない関係《かんけい》であったことが、よくわかりますね。

故事成語《こじせいご》

五十歩百歩《ごじっぽひゃっぽ》

どちらもそれほどかわらない!

昔《むかし》、中国《ちゅうごく》に「孟子《もうし》」というたいへんすぐれた学者《がくしゃ》がおりました。あるとき、中国《ちゅうごく》の王《おう》さまが、この学者《がくしゃ》をまねいてたずねました。

「わたしは、よいせいじをしようと一生《いっしょう》けんめいにつとめているつもりだ。それなのに、よその国《くに》よりもわたしの国《くに》のほうがよい、と言《い》う人《ひと》がいないのは、どういうわけなのだろう。」

孟子《もうし》

孟子《もうし》は、王《おう》さまの質問《しつもん》に答《こた》えて、言《い》いました。

「王《おう》さま。王《おう》さまはせんそうがおすきなので、せんそうのたとえでお話《はな》ししましょう。せんそうが始《はじ》まって、ドンドンとたいこが打《う》ち鳴《な》らされ、みんながたたかっているときに、こわくなってにげ出《だ》した兵士《へいし》がいたとします。そのとき、ある者《もの》は百歩《ひゃっぽ》にげた所《ところ》で立《た》ち止《ど》まり、またべつの者《もの》は五十歩《ごじっぽ》にげた所《ところ》で立《た》ち止《ど》まりました。さ

て、このような場合《ばあい》に、五十歩《ごじっぽ》にげた者《もの》が、百歩《ひゃっぽ》にげた者《もの》に向《む》かって、『お前《まえ》はおくびょう者《もの》だなあ』と言《い》ってあざわらったとしたら、王《おう》さま、どう思《おも》われますか？」

すると、王《おう》さまはまゆをしかめて言《い》いました。

「五十歩《ごじっぽ》にげた兵士《へいし》がそんなことを言《い》うのは、まちがっているな。百歩《ひゃっぽ》であろうと、五十歩《ごじっぽ》であろうと、にげ出《だ》したことにかわりはないのだから。」

王《おう》さまの答《こた》えを聞《き》いて、孟子《もうし》はうなずき、言《い》いました。

「そのとおりです、王《おう》さま。王《おう》さまのなさっているせいじは、よその国《くに》よりもほんの少《すこ》しよいかもしれません。けれど、それはまさに『五十歩百歩《ごじっぽひゃっぽ》』なのです。よその国《くに》よりもよい、と言《い》われることをのぞむのではなく、王《おう》としてやるべきことをやれば、自然《しぜん》と人《ひと》も集《あつ》まってくるでしょう。」

孟子《もうし》は、せんそうのときににげ出《だ》した兵士《へいし》のたとえ話《ばなし》をして、「王《おう》さまのおこなっているせいじは、ほかの国《くに》のせいじとそれほどかわらないですよ。もっと王《おう》としてやるべきことをやりなさい」ということを教《おし》えたのですね。

このお話《はなし》から生《う》まれたのが、「五十歩百歩《ごじっぽひゃっぽ》」ということばです。このことばは、五十歩《ごじっぽ》にげて立《た》ち止《ど》まっても、百歩《ひゃっぽ》にげて立《た》ち止《ど》まっても、「にげた」ということにかわりはない、ということから、少《すこ》しのちがいはあってもほとんど同《おな》じようなものだ、という意味《いみ》で使《つか》われています。

漢字《かんじ》のお話《はなし》

② しるしからできた漢字《かんじ》

「漢字《かんじ》のお話《はなし》①」でしょうかいした漢字《かんじ》は、ものの形《かたち》を絵《え》のようにかいたものからできていました。しかし、何《なん》でも絵《え》にかけるわけではありません。形《かたち》がなく、絵《え》ではかきあらわしにくいものの場合《ばあい》、点《てん》や線《せん》などの「しるし」が使《つか》われることがありました。その「しるし」がもとになって、つくられた漢《かん》字《じ》があります。

たとえば、「上《うえ》」という漢字《かんじ》は、ぼうの上《うえ》に「丶《てん》」をつけた形《かたち》がもとになってできました。「下《した》」は、ぼうの下《した》に「丶《てん》」をつけてできた漢字《かんじ》です。

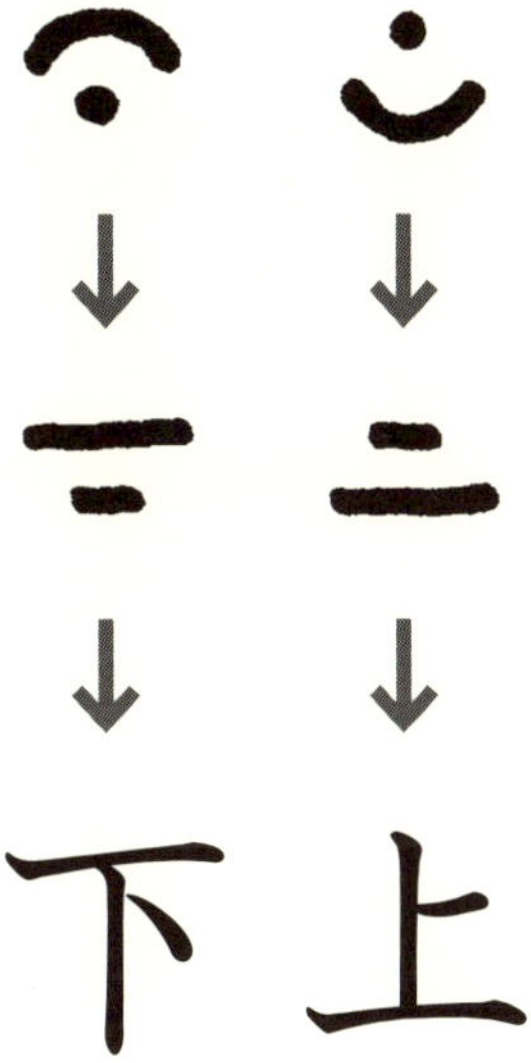

このほかにも、しるしからできた漢字《かんじ》にはいろいろなものがあります。「木《き》」という漢字《かんじ》がありますね。この字《じ》の下《した》の部分《ぶぶん》にしるしをつけた形《かたち》からできたのが、「本《もと》」という漢字《かんじ》です。「根本《ねもと》、大本《おおもと》になる部分《ぶぶん》」などの意味《いみ》をあらわしています。ぎゃくに、字《じ》の上《うえ》の部分《ぶぶん》にしるしをつけてできた漢字《かんじ》は二《ふた》つあります。「木《き》」の上《うえ》に長《なが》いしるしをつけると「末《すえ》」。これは、「こずえ、はじっこ」という意味《いみ》をあらわしています。木《き》の上《うえ》に短《みじか》いしるしをつけると「未《み》」。このしるしは短《みじか》いえだをあらわしており、「まだ成長《せいちょう》していない」という意味《いみ》をあらわしています。しるしの長《なが》さによって、ちがう意味《いみ》になるのですね。

体《からだ》のことば

「のみど」って、どこをあらわすことばかな？

～のど～

「のどもとすぎればあつさをわすれる」ということわざを、知《し》っていますか。あつい物《もの》を食《た》べても、食《た》べ物《もの》がのどのあたりを通《とお》りすぎてしまうと、すぐにあつかったことなどわすれてしまいます。そこ

から、何《なに》かつらいことがあっても、そのときがすぎればわすれてしまうものだ、ということを教《おし》えていることわざです。

飲《の》みこんだ食《た》べ物《もの》が通《とお》る、口《くち》のおくの部分《ぶぶん》を「のど」といいます。これはとても古《ふる》くからあることばですが、昔《むかし》の書物《しょもつ》によると、このことば、もとは「のみど」といっていたようです。漢字《かんじ》では「飲《の》み門《ど》」と書《か》くので、飲《の》みこむための「門《もん》（出入《でい》り口《ぐち》）」、ということからできたことばだとわかりますね。この「のみど」が「のんど」となり、やがて短《みじか》くなってできたのが「のど」ということばです。

今《いま》では、「のどじまん」ということばに見《み》られるように、「のど」は「歌《うた》う声《こえ》」などの意味《いみ》でも使《つか》われています。しかし、ことばのでき方《かた》を考《かんが》えると、「のど」は物《もの》を食《た》べることと深《ふか》くむすびついているのだ、ということがよくわかります。

不死身《ふじみ》のアキレスにあった弱点《じゃくてん》とは？

～アキレスけん～

「アキレスけん」というのは、かかとのほねとふくらはぎの筋肉《きんにく》をつないでいる、とても強《つよ》い筋肉《きんにく》のことです。この「アキレスけん」ということばは、たとえば「ぼくたちのサッカーチームのアキレス

けんは、シュート力《りょく》がないことだ」というように使《つか》われて、「弱点《じゃくてん》」という意味《いみ》をあらわすことがあります。

なぜ、かかとの部分《ぶぶん》の筋肉《きんにく》に、「アキレス」という名前《なまえ》がつけられたのでしょう。また、なぜこの筋肉《きんにく》の名前《なまえ》が、「弱点《じゃくてん》」という意《い》味《み》をもつようになったのでしょう。

「アキレス」というのは、大昔《おおむかし》のギリシャでつくられたお話《はなし》の、主人公《しゅじんこう》の名前《なまえ》です。

アキレスが生《う》まれたときのことです。お母《かあ》さんは、まだ赤《あか》んぼうのアキレスをだいて、死《し》んだ人《ひと》のすむ世界《せかい》に流《なが》れているステュクスという川《かわ》の所《ところ》につれていきました。そして、アキレスのかかとをつかむと、頭《あたま》からざぶりと川《かわ》の中《なか》につけたのです。お母《かあ》さんがこんなことをしたのには、理由《りゆう》がありました。じつは、この川《かわ》の水《みず》につかると、死《し》ぬことのない体《からだ》になる、といわれていたからです。

アキレスは、ステュクス川《がわ》につけられたおかげで、不死身《ふじみ》の体《からだ》になりました。そして、ギリシャがトロイアという国《くに》とせんそうになったとき、大活《だいかつ》やくをします。アキレスの活《かつ》やくのおかげでギリシャが勝《か》ちそうになったとき、それをよく思《おも》わなかった神《かみ》さまが、トロイアの王子《おうじ》・パリスに、そっと教《おし》えました。

「あの不死身《ふじみ》のアキレスにも、じつは弱点《じゃくてん》があるのだ。かかとを弓《ゆみ》でうってみなさい。」

言《い》われたとおりに、パリスは弓《ゆみ》でアキレスのかかとをうちました。

すると、アキレスはばったりとたおれ、かかとのきずがもとで、死《し》んでしまったのです。

不死身《ふじみ》の体《からだ》をもっていたアキレスですが、たった一か所《しょ》、お母《かあ》さんがつかんでいたかかとのところだけは、川《かわ》の水《みず》につからず弱《よわ》いままだったのです。

このお話《はなし》から、かかとの部分《ぶぶん》の筋肉《きんにく》は「アキレスけん」といわれるようになりました。また、このことばを、どんなに強《つよ》いものにでもある「弱点《じゃくてん》」という意味《いみ》で、広《ひろ》く使《つか》うようにもなったのです。

「つめ」がいたいのは、どんなとき？
〜つめたい〜

つめは、手《て》や足《あし》の指先《ゆびさき》に生《は》えています。昔《むかし》、物《もの》の「はし」や「へり」の部分《ぶぶん》を、「つま」といいました。この「つま」ということばが変化《へんか》して、指《ゆび》の先《さき》にある「つめ」をあらわすようになった、といわれています。

さて、この「つめ」がもととなってできたことばに、「つまずく」というものがあります。「つまずく」とは、歩《ある》いていて足《あし》の先《さき》が何《なに》かにあたり、ころびそうになることですね。そこで、足《あし》の先《さき》っぽにあるつめがつきあたる、という意味《いみ》の「つめ（を）つく」ということばができ、それが変化《へんか》して「つまずく」となったのです。

また、「つめたい」ということばも、「つめ」からできたことばです。「つめたい」ということばのもとの形《かたち》は「つめいたい」。つまり、さわったものの温度《おんど》がひくくて、手《て》の先《さき》がいたい、というところからできたことばだと考《かんが》えられています。それがのちに、やさしさや思《おも》いやりがない、という心《こころ》のようすもあらわすようになりました。

指《ゆび》の先《さき》にある小《ちい》さなつめが、「つまずく」や「つめたい」ということばのもとになっているなんて、ちょっとびっくりですね。

「まゆ」につばをつけるとだまされない？
～まゆつば～

あなたは、「まゆつば」ということばを知《し》っていますか？

「このつぼは、有名《ゆうめい》な人《ひと》がつくったんだって。」

「うーん、その話《はなし》はどうもまゆつばだね。」

こう言《い》われたら、「本当《ほんとう》かどうかあやしいから、気《き》をつけないといけない話《はなし》だね」ということです。このように、「だまされないように気《き》をつける」という意《い》味《み》で使《つか》われている「まゆつば」ですが、もとは「まゆにつばをつける」ということばでした。それを短《みじか》くして「まゆつば」ともいわれるようになりました。

さて、「まゆ」は、目《め》の上《うえ》に生《は》えている毛《け》のことですね。そこに「つばをつける」というのは、いったいどういうことなのでしょう。

「まゆつば」は、たぬきやきつねと関係《かんけい》のあることばです。「たぬきね入《い》り」のところで見《み》たように、昔《むかし》、たぬきやきつねは人《ひと》をだます動物《どうぶつ》だ、と考《かんが》えられていました。そして、たぬきやきつねなどにだまされないようにするためには、「まゆにつばをつけるとよい」

という言《い》いつたえがあったのです。このことから、「だまされないように気《き》をつける」ことを、「まゆにつばをつける」、あるいは「まゆつば」というようになりました。

それにしても、どうしてまゆにつばをつけると、たぬきやきつねにだまされなくなるのでしょうか。これにはいろいろな説《せつ》がありますが、一《ひと》つの説《せつ》によると、きつねなどは、人《ひと》のまゆげを見《み》て心《こころ》の中《なか》を見《み》ぬくので、まゆにつばをつけて見《み》ぬかれないようにするのだ、ということです。なんだか、「まゆつば」なお話《はなし》ですね。

まつげ、まぶた、またたき*、どれにも「ま」がつくのは、なぜ？
～まつげ・まぶた・またたき～

まつげ、まぶた、またたきなど、目《め》に関係《かんけい》することばには、「ま」がつくことばがたくさんあります。これは、「ま」というのが、「目《め》」の古《ふる》い言《い》い方《かた》だからです。

たとえば、「まつげ」ということばのなり立《た》ちを考《かんが》えてみましょう。「ま」は「目《め》」のことですね。また、「つ」は、これも古《ふる》い言《い》い方《かた》で、

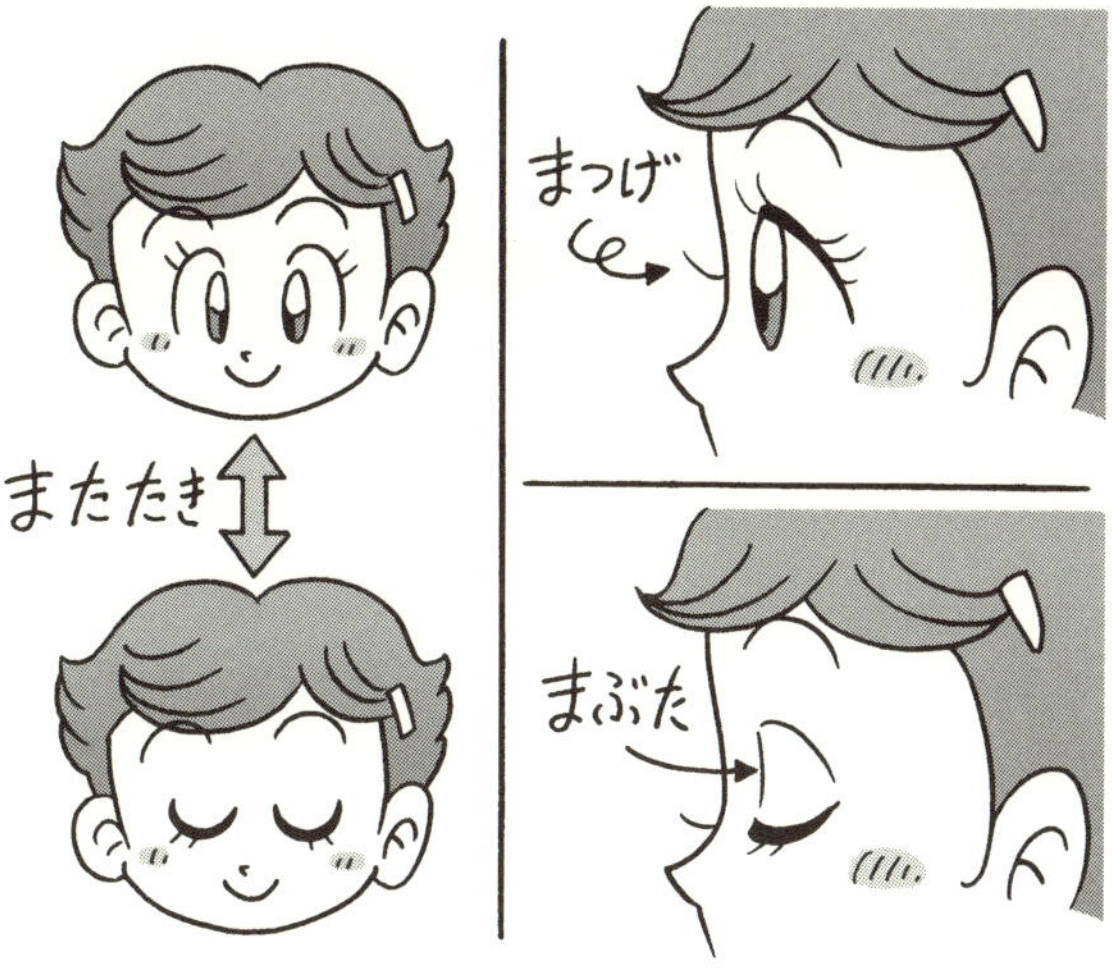

＊またたき…目《め》をとじたり開《ひら》いたりすること。目《め》をぱちぱちすること。まばたきともいう。

「〜の」という意味《いみ》をあらわすことばです。そして、最後《さいご》の「げ」は、漢字《かんじ》で書《か》くと「毛《け》」。つまり、まつげとは、「目《め》の毛《け》」のことをあらわしたものなのです。

では、「まぶた」はどうでしょう。これは、「ま」が「目《め》」であることを思《おも》い出《だ》せば、すぐに「目《め》（の）ふた」であることがわかりますね。ねむるときなどに、目《め》にふたをするはたらきをすることからつけられた名前《なまえ》です。

目《め》をぱちぱちと開《あ》けたりとじたりすることを、「またたき」といいます。これも、「目《ま》たたき」と考《かんが》えると、なるほど、上《うえ》のまぶたと下《した》のまぶたを、手《て》をたたくように合《あ》わせていますね。

ほかに、たとえば「守《まも》る」ということばの「ま」も、「目《め》」をあらわしている、といわれています。古《ふる》い書物《しょもつ》によると、「守《まも》る」ということばは、昔《むかし》は「目守《まも》る」と書《か》いていたようです。目《め》をはなさずにじっと見《み》る、というところから、「がいを受《う》けないように、ふせぐ」という意味《いみ》の「守《まも》る」ということばができたのですね。

今《いま》では、目《め》のことを「ま」とはいいません。しかし、これまであげたれいのほかにも、「まのあたり」「まなこ」など、たくさんのことばの中《なか》に、「目《め》」の古《ふる》い言《い》い方《かた》である「ま」がのこっているのです。

目《め》と鼻《はな》がつくとできあがり！
～「目《め》」・「鼻《はな》」がつくことば～

目《め》と鼻《はな》は、顔《かお》の中《なか》でもとても目《め》立《だ》つ部分《ぶぶん》です。だからでしょうか、日本語《ご》には「目《め》」と「鼻《はな》」を使《つか》ったおもしろいことばがたくさんあります。この二《ふた》つが両方《りょうほう》とも出《で》てくることばには、たとえば「目《め》から鼻《はな》にぬける」ということばがあります。これは、すぐそばにある

ぼくの家は小学校の
目と鼻の先にある
キンコン
カーン。。
あ、
チャイムだ!!

目《め》から鼻《はな》にぬけるくらいにすばやい、ということから、物事《ものごと》のはんだんが早《はや》くて、かしこい、という意味《いみ》をあらわすことばです。また、「目《め》と鼻《はな》の先《さき》」ということばもあります。これは、目《め》と鼻《はな》の間《あいだ》くらいしかはなれていない、とても近《ちか》いきょりのことをいいます。

さて、それではもう一《ひと》つ。「目鼻《めはな》がつく」ということばがあります。これは、「一か月《げつ》かけてつくってきたプラモデルだが、ようやく目鼻《めはな》がついてきた」といったように使《つか》われて、物事《ものごと》がかんせいに近《ちか》づいたことをあらわすことばです。なぜ、かんせいに近《ちか》づくことを「目鼻《めはな》がつく」というようになったのでしょうか。

このことばは、人形《にんぎょう》をつくるときのやり方《かた》からできた、といわれています。人形《にんぎょう》をつくるときには、まず全体《ぜんたい》の形《かたち》をつくり、それから細《こま》かい部分《ぶぶん》をしあげていきます。そして、いちばん大切《たいせつ》な顔《かお》は、ほかのところができあがってから、最後《さいご》につくるのだそうです。目《め》と鼻《はな》をかき入《い》れて「目鼻《めはな》がつく」と、人形《にんぎょう》のかんせいがもうすぐであることから、「物事《ものごと》が大体《だいたい》できあがる」という意味《いみ》をあらわすようになりました。

「目《め》から鼻《はな》にぬける」、「目《め》と鼻《はな》の先《さき》」、「目鼻《めはな》がつく」などのように、二《ふた》つ以上《いじょう》のことばがくっついて、もとのことばの意味《いみ》とはちがう意《い》味《み》をあらわすようになったことばを、「慣用句《かんようく》」といいます。「目《め》から火《ひ》が出《で》る」や「鼻《はな》が高《たか》い」など、目《め》や鼻《はな》が出《で》てくる慣用句《かんようく》は、まだまだたくさんあります。どんなことばがあるか、あなたもさがしてみましょう。

意地悪《いじわる》なことばを、どうして「皮肉《ひにく》」というの？

～皮肉《ひにく》～

「皮肉《ひにく》」とは、もともとは人《ひと》の体《からだ》の「皮《かわ》」と「肉《にく》」をさすことばです。しかし、げんざいでは、「遠回《とおまわ》しに意地悪《いじわる》なことを言《い》ったりしたりすること」という意味《いみ》で多《おお》く使《つか》われています。なぜ、「皮《かわ》」と「肉《にく》」が、このような意味《いみ》をもつようになったのでしょう。

「皮肉《ひにく》」ということばは、中国《ちゅうごく》のえらいおぼうさんの言《い》ったことからつくられた、といわれています。

昔《むかし》、中国《ちゅうごく》に「だるま大師《だいし》」というえらいおぼうさんがいました。この人《ひと》は、九年間《ねんかん》ずっとかべに向《む》かってすわりつづけ、さとりを開《ひら》いた、といわれています。さて、このだるま大師《だいし》のもとにはお弟子《でし》さんが集《あつ》まって、修行《しゅぎょう》をしていました。だるま大師《だいし》は、物事《ものごと》の中心《ちゅうしん》をとらえているお弟子《でし》さんには、「ずい（ほねのまん中《なか》の部分《ぶぶん》）である」とか「ほねである」と言《い》ってほめました。一方《いっぽう》、物事《ものごと》のうわべだけしか見《み》ていないお弟子《でし》さんには、「皮《かわ》である」「肉《にく》である」と言《い》ってきびしくしかったそうです。

「ずい」や「ほね」は、体《からだ》の中《なか》にあるものです。それとくらべると、皮《かわ》や肉《にく》は、体《からだ》の表面《ひょうめん》やその近《ちか》くにあるものですね。だるま大師《だいし》は、体《からだ》の部分《ぶぶん》をたとえに使《つか》って、お弟子《でし》さんたちを教《おし》えさとしたのです。ここから「皮肉《ひにく》」ということばが生《う》まれ、やがて少《すこ》し意味《いみ》がかわり、「欠点《けってん》や弱点《じゃくてん》を意地悪《いじわる》くしかる」といった意味《いみ》で使《つか》われるようになりました。

ところで、このおぼうさんの名前《なまえ》、どこかで聞《き》いたことがありませんか。そうです、あの赤《あか》くて丸《まる》い「だるま」とよばれる人形《にんぎょう》は、このだるま大師《だいし》がすわっているすがたをもとにつくられたのです。

「おなら」は上品《じょうひん》なことば？
～おなら～

「しゃもじ」ということばのところで、「にょうぼうことば」についてしょうかいしたのを、おぼえていますか？（わすれてしまった人《ひと》は、読《よ》み直《なお》してみましょう。）身分《みぶん》の高《たか》い人《ひと》の家《いえ》におつかえする女《おんな》の人《ひと》たちが使《つか》っていた、上品《じょうひん》なことばのことです。

じつは、「おなら」ということばも、この「にょうぼうことば」の一《ひと》つなんですよ。

「えっ、おならが上品《じょうひん》なことばなの？」と思《おも》った人《ひと》もいるかもしれませんね。では、どのように「おなら」ということばが生《う》まれたのか、見《み》てみましょう。

昔《むかし》のにょうぼうたちがこのんだ、上品《じょうひん》な言《い》い方《かた》の一《ひと》つに、ことばのはじめに「お」をつけ、終《お》わりのところをはぶく、という言《い》い方《かた》がありました。

たとえば、ごはんといっしょに食《た》べる物《もの》のことを、「おかず」と言《い》いますね。これは、「ごはんにそえて出《だ》す、数《かず》かずの物《もの》」ということからできた、「にょうぼうことば」の一《ひと》つだといわれています。「かずかず」ということばのはじめのところに「お」をつけ、終《お》わりの「かず」をはぶいて、「おかず」ということばはつくられたのですね。

ほかに、「おでん」も同《おな》じように、「でんがく（田楽《でんがく》）」という料《りょう》理《り》の名前《なまえ》に、「お」をつけ、終《お》わりの「がく」をはぶいてできた「にょうぼうことば」だ、といわれています。


では、「おなら」はどうでしょう。

昔《むかし》の人《ひと》は、おならのことを「へ」と言《い》っていました。このことばは、今《いま》でも使《つか》われていますね。さて、「へ」をしたり、「へ」をしたことを言《い》ったりするのは、何《なん》となくはずかしい気《き》がしませんか。昔《むかし》のにょうぼうたちも、そう感《かん》じたのですね。

そこで、直接《ちょくせつ》「へ」と言《い》わず、おならの音《おと》がしたときには、「今《いま》、鳴《な》らしましたね」と言《い》うことにしたのです。そして、この「鳴《な》らす」

に「お」をつけ、最後《さいご》の「す」をはぶいてできたのが、「おなら」ということばだ、といわれています。

「おなら」ということばが、じつは「へ」ということを遠《とお》回《まわ》しに言《い》った、上品《じょうひん》なことばだったなんて、おもしろいですね。

故事成語《こじせいご》

とらの威《い》を借《か》るきつね

きつねはとらより強《つよ》かった？

とらは、体《からだ》が大《おお》きく、たいへん力《ちから》の強《つよ》いけものです。また、ほかの動物《どうぶつ》をとらえて食《た》べるので、まわりの動物《どうぶつ》たちから、たいへんこわがられていました。

ある日《ひ》のことです。とらが一ぴきのきつねをとらえました。さっそく食《た》べようとすると、きつねがこう言《い》いました。

「とらさん、あなたはわたしを食《た》べてはいけませんよ。なぜかというと、天《てん》の神《かみ》さまが、わたしをすべての動物《どうぶつ》たちの中《なか》で、いちばんえらいものだとお決《き》めになったからです。もし、あなたがわたしを食《た》べたりしたら、それは天《てん》の神《かみ》さまの言《い》いつけにさからうことになるのですよ。」

そんなことを言《い》われても、すぐにしんじられるものではありませんね。ところが、きつねはさらにこう言《い》ったのです。

「とらさん、もしあなたがわたしの言《い》うことをしんじられない、と思《おも》うのならば、本当《ほんとう》であることをお目《め》にかけましょう。わたしが先《さき》に歩《ある》いていきますから、あなたは後《あと》からついてきて、よく見《み》てください。わたしがいち

ばんえらいと知《し》っているから、ほかの動物《どうぶつ》たちはみんな、わたしを見《み》たらにげていきますよ。」

とらはこの話《はなし》を聞《き》いて、本当《ほんとう》かな、と思《おも》い、きつねの言《い》うとおりに後《あと》からついていくことにしました。

きつねととらがいっしょに歩《ある》いていきますと、どうでしょう！

出会《であ》った動物《どうぶつ》たちはみんな、二ひきのすがたを見《み》るとすぐに、大急《おおいそ》ぎでにげていくではありません

か。

そのようすを見《み》たとらは、きつねの話《はなし》をしんじて、きつねを食《た》べるのをやめた、ということです。

もちろん、出会《であ》った動物《どうぶつ》たちがにげ出《だ》したのは、きつねを見《み》たからではありません。そのうしろにとらがついてきているのを見《み》て、とらがこわくてにげ出《だ》したのですね。とらは、自分《じぶん》のことをこわがって動物《どうぶつ》たちがにげ出《だ》したことに気《き》

づかず、きつねを見《み》てにげたのだ、とかんちがいしてしまったのです。

このお話《はなし》から、「とらの威《い》を借《か》るきつね」ということばができました。「威《い》」というのは、「強《つよ》くていかめしい」とか、「人《ひと》をおそれさせる」という意味《いみ》のことばです。

きつねが、とらの強《つよ》さを借《か》りて、自分《じぶん》に力《ちから》があるように見《み》せかけたように、自分《じぶん》に力《ちから》があるわけではないのに、強《つよ》いものやえらい人《ひと》の力《ちから》にたよっていばる人《ひと》のことを、このように言《い》います。

漢字《かんじ》のお話《はなし》

③漢字《かんじ》を組《く》み合《あ》わせてできた漢字《かんじ》

漢字《かんじ》には、二《ふた》つ以上《いじょう》の漢字《かんじ》を組《く》み合《あ》わせてできたものがあります。かんたんなれいをあげてみましょう。

「木《き》が立《た》ちならんでいるところ」をあらわすために、「木《き》」と「木《き》」を組《く》み合《あ》わせてできたのが、「林《はやし》」という漢字《かんじ》です。

さらに、もっと「木《き》がたくさんあるところ」をあらわすために、もう一《ひと》つ「木《き》」を足《た》して、「森《もり》」という漢字《かんじ》ができました。

このように、もともとあるいくつかの漢字《かんじ》を組《く》み合《あ》わせて、新《あたら》しい漢字《かんじ》がつくられました。たとえば、「日《ひ》」と「月《つき》」を組《く》み合《あ》わせてできたのが、「明《めい》」という漢字《かんじ》です。たしかに、太陽《たいよう》も月《つき》も「明《あか》るい」ですね。

また、「口《くち》」と「鳥《とり》」を組《く》み合《あ》わせて、「鳴《めい》」という漢字《かんじ》ができました。鳥《とり》が口《くち》を開《ひら》いて「鳴《な》く」という意《い》味《み》が、よくつたわってきますね。

では、「人《ひと》」と「木《き》」を組《く》み合《あ》わせたら、どんな漢字《かんじ》ができるか、わかりますか。

「人《ひと》」という漢字《かんじ》の形《かたち》を少《すこ》しかえると「イ（にんべん）」になります。「イ《にんべん》」と「木《き》」を組《く》み合《あ》わせると、「休《きゅう》」という漢字《かんじ》になりますね。「人《ひと》」が「木《き》」のかげにとどまる、ということから、「休《やす》む」という漢字《かんじ》ができたのですね。

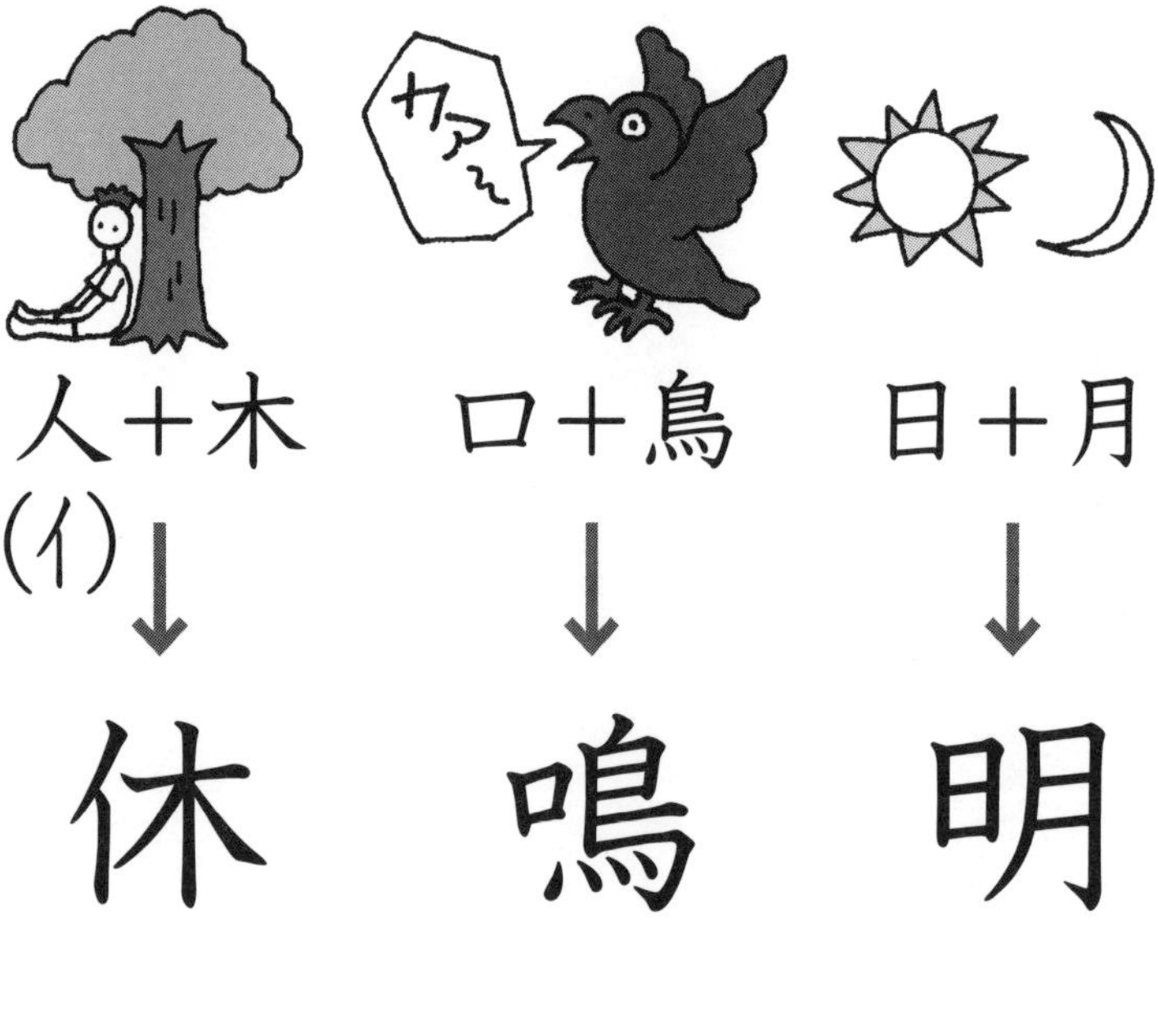

遊《あそ》びのことば

「持《も》ち遊《あそ》び」が変化《へんか》してできたことばとは？

～おもちゃ～

小《ちい》さいころ、あなたは何《なに》で遊《あそ》ぶのがすきでしたか。ぬいぐるみ、ブロック、ミニカーなど、今《いま》でもお気《き》に入《い》りの「おもちゃ」がある、という人《ひと》も、たくさんいるのではないでしょうか。

手でものを持って遊ぶから
「おもちゃ」というんだね

「おもちゃ」というのは、子《こ》どもが使《つか》う遊《あそ》び道具《どうぐ》を広《ひろ》くさすことばですが、これはもともとは「持《も》ち遊《あそ》び」ということばだった、といわれています。手《て》で物《もの》を持《も》って遊《あそ》ぶ、という意味《いみ》のこの「もちあ・そび」ということばが、やがて「もちゃそび」と発音《はつおん》されるようになりました。そして、江戸時代《えどじだい》になると、ことばのはじめに、ていねいな意味《いみ》をあらわす「お」がつけ足《た》され、ぎゃくに「そび」という部分《ぶぶん》はなくなって、できあがったのが「おもちゃ」ということばだ、と考《かんが》えられています。

このように、ことばには、使《つか》われているうちにいろいろと形《かたち》をかえていくことがよくあります。とくに、この「おもちゃ」ということばは、発音《はつおん》が変化《へんか》したり、後《あと》からつけ足《た》された部分《ぶぶん》やなくなった部分《ぶぶん》があったりして、もとのことばとはずいぶんちがう形《かたち》になっていますね。

また、ことばそのものの形《かたち》はかわらなくても、意味《いみ》が変化《へんか》してしまう場合《ばあい》もあります。たとえば、「おもちゃ」のもとにもなっている、「あそび」ということばがあります。これは、大昔《おおむかし》には、神《かみ》さまにおいのりしたり、死《し》んだ人《ひと》にささげたりする、歌《うた》やおどりのことをさすことばでした。わたしたちが知《し》っている今《いま》の「あそび」とは、ずいぶんちがっていますね。

ことばの由来《ゆらい》を知《し》ると、ふだんなにげなく使《つか》っていることばの、これまで知《し》らなかった一面《いちめん》を見《み》ることができるのです。

お正月《しょうがつ》に遊《あそ》ぶ「かるた」、じつは外来語《がいらいご》？
～かるた～

「犬《いぬ》も歩《ある》けばぼうにあたる」

「花《はな》よりだんご」

このようなことばを、あなたもどこかで聞《き》いたことがありませんか。これは、「いろはがるた」というかるたの読《よ》みふだに書《か》かれていることばです。

「かるた」は、文字《もじ》のふだを読《よ》みあげ、絵《え》のふだをたくさん取《と》っ

た人《ひと》が勝《か》つ、という遊《あそ》びです。お正月《しょうがつ》に多《おお》くおこなわれるので、昔《むかし》から日本だけでおこなわれている遊《あそ》びだ、と思《おも》っている人《ひと》も多《おお》いのではないでしょうか。じつはこの「かるた」、外国《がいこく》から入《はい》ってきた遊《あそ》びなのです。

十六世紀《せいき》の終《お》わりごろ、ポルトガルから美《うつく》しい絵《え》のかかれたカードがつたわりました。カードのことをポルトガル語《ご》では「カルタ」と言《い》ったことから、絵《え》がかかれたカードを使《つか》った遊《あそ》びのことを、「かるた」とよぶようになったのです。

かるたが広《ひろ》く人《ひと》びとに親《した》しまれるようになったのは、江戸時代《えどじだい》のころだった、といわれています。とくに、はじめにあげた「いろはがるた」は、当時《とうじ》の人《ひと》びとにとって、重要《じゅうよう》な役割《やくわり》をもっていました。

このかるたは、「いろは四十七文字《もじ》」をいちばん上《うえ》につけて、読《よ》みふだがつくられています。また、内容《ないよう》には、子《こ》ども向《む》けの教《おし》えやことわざなどを読《よ》みこんでありました。

たとえば、さいしょにあげた「犬《いぬ》も歩《ある》けばぼうにあたる」は、「でしゃばると思《おも》いがけないわざわいに出会《であ》う」という意味《いみ》のことわざです。江戸時代《えどじだい》から、明治《めいじ》・大正時代《たいしょうじだい》にかけての子《こ》どもたちは、このかるたを使《つか》って、文字《もじ》の読《よ》み書《か》きや、知《し》っておくべきいろいろなことを学《まな》んだ、といわれています。

江戸時代《えどじだい》の子《こ》どもに大人気《だいにんき》の遊《あそ》びとは？
～シャボン玉《だま》～

せっけん水《すい》をストローの先《さき》につけ、ふっと息《いき》をふきこむとできる、シャボン玉《だま》。ふわふわとういているシャボン玉《だま》は、とてもきれいで、見《み》ていると楽《たの》しくなってきます。

「シャボン玉《だま》」とは、「せっけん水《すい》で

つくった玉《たま》」という意味《いみ》のことばです。

今《いま》から五百年《ひゃくねん》ほど前《まえ》、せっけんがポルトガルの船《ふね》で運《はこ》ばれて日本にしょうかいされたとき、それをあらわすことば、「サボン」もいっしょに入《はい》ってきました。そこから、せっけんのことを「シャボン」とよぶようになった、と考《かんが》えられています。

「シャボン」ということばは、江戸時代《えどじだい》までよく使《つか》われていました。しかし、かたくて、せんたくにも使《つか》える「せっけん」が、明治時代《めいじじだい》になってつくられ、広《ひろ》まるとともに、「シャボン」ということばは、すがたを消《け》してしまいました。今《いま》では、「シャボン玉《だま》」という遊《あそ》びの名前《なまえ》の中《なか》にだけ、のこっているのですね。

さて、シャボン玉《だま》は「ふき玉《だま》」ともよばれ、江戸時代《えどじだい》の子《こ》どもたちがとてもすきな遊《あそ》びでした。江戸時代《えどじだい》には、いろいろな商品《しょうひん》をかたにかついで売《う》り歩《ある》く、「行商人《ぎょうしょうにん》」という人《ひと》がたくさんいました。行商人《ぎょうしょうにん》は、魚《さかな》や野菜《やさい》、おかしなどの食《た》べ物《もの》はもちろん、うちわや花《はな》、つめたい水《みず》まで売《う》っていたそうです。その行商人《ぎょうしょうにん》の中《なか》に、「ふき玉屋《だまや》」とよばれる人《ひと》たちがいました。この人《ひと》たちはシャボン玉《だま》をつくる道具《どうぐ》や、せっけん水《すい》をかついで売《う》り歩《ある》いていたのです。

大阪《おおさか》の「ふき玉屋《だまや》」さんは、「ふき玉《だま》や、サボン（シャボン）玉《だま》、ふけば五色《しき》の玉《たま》が出《で》る」と言《い》いながら、シャボン玉《だま》の道具《どうぐ》を売《う》っていたそうです。江戸時代《えどじだい》の子《こ》どもたちも、きれいなシャボン玉《だま》を見《み》て、楽《たの》しんでいたのですね。

「じゃんけん」は、中国《ちゅうごく》からやってきた！

～じゃんけん～

「じゃんけん、ぽん！　あいこでしょ！」グー・チョキ・パーの形《かたち》を出《だ》して、勝負《しょうぶ》を決《き》める「じゃんけん」。手軽《てがる》にでき、しかも公平《こうへい》に勝《か》ち負《ま》けを決《き》めることができるので、みんなに親《した》しまれている遊《あそ》びですね。この遊《あそ》びのことを、なぜ「じゃんけん」と

言《い》うのでしょう。

「じゃんけん」は、江戸時代《えどじだい》に中国《ちゅうごく》からつたえられた「りゃんけん（両拳《りゃんけん》）」という遊《あそ》びがもとになっている、といわれています。

中国《ちゅうごく》では、手《て》の指《ゆび》の動作《どうさ》で勝負《しょうぶ》を決《き》める遊《あそ》びのことを、「けん（拳《けん》）」と言《い》います。また、じゃんけんのチョキは、指《ゆび》を二本出《ほんだ》しますね。これを中国《ちゅうごく》のことばでは「りゃん（両《りゃん》）」とよんだところから、「りゃんけん」という名前《なまえ》がついた、と

いわれています。この「りゃんけん」が日本につたわり、やがて言《い》い方《かた》が変化《へんか》して、「じゃんけん」ということばができたのです。

中国《ちゅうごく》からつたえられたはじめのころ、じゃんけんは、おとながお酒《さけ》を飲《の》みながら、音楽《おんがく》や歌《うた》に合《あ》わせて身《み》ぶりを楽《たの》しむ遊《あそ》びだったそうです。それが江戸《えど》時代《じだい》のころに、今《いま》のような「グー・チョキ・パー」を使《つか》うかんたんな遊《あそ》びにかわり、国中《くにじゅう》に広《ひろ》まったといわれています。

さて、じゃんけんをするときに、「じゃんけん、ぽん!」などのかけ声《ごえ》で、みんながいっせいに手《て》を出《だ》しますね。このかけ声《ごえ》には、時代《じだい》や地域《ちいき》によっていろいろなものが使《つか》われています。あなたのすんでいる地域《ちいき》では、どんなかけ声《ごえ》でじゃんけんをしていますか。

「なぞなぞ」のもとのことば、なあに？
～なぞなぞ～

「右手《みぎて》では持《も》てるけれど、左手《ひだりて》では持《も》てないもの、なあに？」こんなふうに問《と》いかけ、相手《あいて》に答《こた》えさせる遊《あそ》びを、「なぞなぞ」といいます。

「なぞなぞ」は、わからない

ことをたずねるときのことばからできた、といわれています。相手《あいて》に何《なに》か聞《き》くときに、昔《むかし》の人《ひと》は「○○とは何《なに》ぞ」ということばを使《つか》いました。この、「何《なに》ぞ」が短《みじか》くなってできたのが、「なぞ」ということばです。はっきりとはわからないふしぎなことや、正体《しょうたい》がよくわからないものをさすときに使《つか》われることばですね。「なぞなぞ」は、この「なぞ」を重《かさ》ねてできたのだ、と考《かんが》えられています。

なぞなぞのように相手《あいて》に問《と》いかける遊《あそ》びは、日本だけではなく世《せ》界中《かいじゅう》で見《み》られます。あなたも、テレビで「クイズ番組《ばんぐみ》」を見《み》たことがあるでしょう。この「クイズ」というのも、問題《もんだい》を出《だ》して相手《あいて》に答《こた》えさせる、なぞなぞと同《おな》じ遊《あそ》びですね。「クイズ」は、アメリカやイギリスで使《つか》われていることばなのですが、この「クイズ」も、じつは「なぞなぞ」とよくにた由来《ゆらい》をもっているのです。「クイズ」のもとになったのは、ラテン語《ご》（英語《えいご》やフランス語《ご》などの先祖《せんぞ》にあたるといわれることばです）の、「クイス」ということばです。この「クイス」とは、「（あれは）何《なに》？」という意味《いみ》をあらわすことばでした。「クイズ」も「なぞなぞ」も、もとをたどると、同《おな》じように「何《なに》？」ということばからつくられたのですね。

さて、さいしょのなぞなぞの答《こた》え、わかりましたか。答《こた》えは「左手《ひだりて》」でした。

白《しろ》と黒《くろ》の石《いし》からできたことば
～だめ・一目《いちもく》おく・白黒《しろくろ》をつける～

たてと横《よこ》に十九本《ほん》ずつ線《せん》を引《ひ》いた台《だい》の上《うえ》に、白《しろ》と黒《くろ》の石《いし》をおいて場所《ばしょ》を取《と》り合《あ》う遊《あそ》びを「囲碁《いご》」といいます。今《いま》からほぼ千《せん》三百年前《びゃくねんまえ》に中国《ちゅうごく》から入《はい》ってきたこの遊《あそ》びは、江戸時代《えどじだい》のころに広《ひろ》まり、しょうぎやすごろくといった遊《あそ》びとともに、たくさんの人《ひと》びとが楽《たの》しむようになりました。

さて、もともとはこの囲碁《いご》をするときに使《つか》っていたことばの中《なか》に、しだいに囲碁《いご》とは関係《かんけい》のない場面《ばめん》でも使《つか》われるようになったことばがあります。たとえば、「だめ」ということばがあります。「勉強《べんきょう》しなくちゃだめよ」などのように、とてもよく使《つか》われることばですね。このことばも、もとは囲碁《いご》の用語《ようご》でした。

囲碁《いご》の、たてと横《よこ》の線《せん》で区切《くぎ》られたますのことを「目《め》」といいます。白《しろ》と黒《くろ》で場所《ばしょ》を取《と》り合《あ》っていて、どちらの陣地《じんち》にもならない「目《め》」のことを、「だめ（駄目《だめ》）」と言《い》いました。この「目《め》」に石《いし》をおいても「むだ（無駄《むだ》）」になる、ということからできたことばです。これが、囲碁《いご》をするとき以外《いがい》にも、広《ひろ》く使《つか》われるようになったのです。

また、囲碁《いご》では、強《つよ》い人《ひと》と弱《よわ》い人《ひと》が対等《たいとう》に勝負《しょうぶ》できるように、弱《よわ》い人《ひと》が先《さき》に石《いし》を一《ひと》つ（囲碁《いご》では「一目《いちもく》」と言《い》います）おく、というルールがあります。ここから、「自分《じぶん》よりすぐれているとみとめ、相手《あいて》をそんけいする」という意味《いみ》の、「一目《いちもく》おく」ということばができました。

「正《ただ》しいか正《ただ》しくないか、はっきりさせる」というときに使《つか》う、「白黒《しろくろ》をつける」なども、囲碁《いご》で白《しろ》と黒《くろ》のどちらが多《おお》く陣地《じんち》をとったかはっきりさせる、というところからできたことばです。

ほかにも、囲碁《いご》やしょうぎなどの用語《ようご》がもとになってできたことばは、たくさんあります。調《しら》べてみるとおもしろいですよ。

故事成語《こじせいご》

いちばんとくをするのはだれ？

＊漁夫《ぎょふ》の利《り》

昔《むかし》、中国《ちゅうごく》がいくつかの国《くに》に分《わ》かれていたときのお話《はなし》です。

「ちょう（趙《ちょう》）」という国《くに》と「えん（燕《えん》）」という国《くに》の間《あいだ》に、あらそいが起《お》こりました。「ちょう」が自分《じぶん》の国《くに》にせめこもうとしている、という話《はなし》を聞《き》いた「えん」の王《おう》さまは、「ちょう」の国《くに》に使者《ししゃ》を送《おく》ります。その使者《ししゃ》は、「ちょう」の国《くに》の王《おう》さまにこんな話《はなし》をしました。

わたしが、ここに来《く》るとちゅうで見《み》たことをお話《はな》ししましょう。

ある川《かわ》のほとりを歩《ある》いていると、ちょうどハマグリが川《かわ》から出《で》てきたところでした。ハマグリは、お日《ひ》さまの光《ひかり》をあびようと、から

＊漁夫《ぎょふ》…魚《さかな》をとる仕事《しごと》をしている人《ひと》。

を開《ひら》きました。

そこに鳥《とり》のシギがやってきて、ハマグリがからを開《ひら》いているのを見《み》て、中《なか》の身《み》を食《た》べようとしてつつきました。すると、ハマグリがいきなりからをとじ、シギのくちばしをはさみこんでしまったのです。くちばしをはさまれて、シギは身動《みうご》きがとれません。もちろん、ハマグリもくちばしをはさんだまま、動《うご》くことができませんでした。

くちばしをはさまれたシギが言《い》い

ました。

「ハマグリさん。くちばしをはさんだままでは、川《かわ》にもどれないでしょう。今日《きょう》もあしたも雨《あめ》がふらなかったら、ひからびて死《し》んでしまいますよ。くちばしをはなしたほうがいいでしょう。」

それを聞《き》いたハマグリは言《い》いました。

「シギさん、あなたが先《さき》にわたしの身《み》をはなせばいいでしょう。このまま、今日《きょう》もあしたもくちばしをはさまれたままだったら、あなたは死《し》んでしまいますよ。」

シギとハマグリはおたがいにそう言《い》い合《あ》って、相手《あいて》をはなそうとしませんでした。

そこに、一人《ひとり》の漁夫《ぎょふ》が通《とお》りかかりました。

「おやおや、シギもハマグリも動《うご》けないようだな。これはもうけものだ。」

そう言《い》うと、シギとハマグリを両方《りょうほう》つかまえてしまったのです。

この時代《じだい》、中国《ちゅうごく》には「えん」と「ちょう」の国《くに》のほかに、「しん（秦《しん》）」という大《おお》きな国《くに》がありました。もし、「えん」と「ちょう」の国《くに》が、シギとハマグリのように意地《いじ》をはり合《あ》ってあらそっていたら、大国《たいこく》の「しん」が漁夫《ぎょふ》のように横《よこ》から手《て》を出《だ》して、「えん」と「ち

ょう」の二国《こく》をほろぼしてしまうでしょう。そう考《かんが》えた使者《ししゃ》は、シギとハマグリのあらそいにたとえて、自分《じぶん》たちも意味《いみ》のないあらそいはやめましょう、という意見《いけん》を言《い》ったのですね。この話《はなし》に心《こころ》を動《うご》かされた「ちょう」の国《くに》の王《おう》さまは、せんそうをすることをやめた、といわれています。

このお話《はなし》に登場《とうじょう》する「漁夫《ぎょふ》」が、うまくシギとハマグリを手《て》に入《い》れたことから、「漁夫《ぎょふ》の利《り》」ということばができました。このことばは、二人《ふたり》がとくになることを求《もと》めてあらそっているすきに、ほかの人《ひと》がやってきて、何《なん》の苦労《くろう》もせずにそのとくになることを横取《よこど》りしてしまう、という意味《いみ》で使《つか》われています。

あいさつ・ようすのことば

「あいさつのことば」のはじまりは？
～「こんにちは」・「さようなら」・「いただきます」・「ありがとう」～

「こんにちは」、「さようなら」、「いただきます」、「ありがとう」。

わたしたちは毎日《まいにち》、いろいろなときにあいさつのことばを使《つか》っていますね。ふだんなにげなく使《つか》っているあいさつのことばですが、

よく考《かんが》えてみると、「なぜ？」と思《おも》うことがたくさんあります。なぜ、感謝《かんしゃ》の気持《きも》ちをつたえるときには「ありがとう」と言《い》い、人《ひと》とわかれるときに「さようなら」と言《い》うのでしょうか。あいさつのことばにどんな意味《いみ》がこめられているのか、見《み》ていきましょう。

■こんにちは

昼間《ひるま》、人《ひと》と会《あ》ったときに言《い》うあいさつのことばですね。このことばは、もとは「今日《こんにち》は、ごきげんいかがですか」と相手《あいて》にたずねることばだったといわれています。そのはじめの、「今日《こんにち》は」の部分《ぶぶん》だけがあいさつとして使《つか》われるようになりました。

夜《よる》のあいさつの「こんばんは」もこれと同《おな》じように、「今晩《こんばん》は、ごきげんいかがですか」とたずねることばの、「今晩《こんばん》は」の部分《ぶぶん》だけが使《つか》われるようになったのです。

■さようなら

「さようなら」は、おわかれをするときのあいさつです。このあいさつのもとになったのは、「さようならば」ということばでした。これは、今《いま》のことばに直《なお》すと「それならば」になります。まだいろいろ話《はなし》はあるけれど、あなたにもご都合《つごう》がおありでしょうから、といった気《き》持《も》ちをこめて、「それならば、おわかれします」とわかれのあいさつをしたのですね。これも、「こんにちは」などと同《おな》じようにはじめの部《ぶ》分《ぶん》だけが使《つか》われて、「さようなら」となったのです。

■いただきます

ごはんを食《た》べる前《まえ》に、「いただきます」というあいさつをします。これは、「いただく」ということばからできたといわれています。山《やま》のてっぺんのことを「いただき」というように、「いただく」とは、「頭《あたま》などの上《うえ》にのせる」という意味《いみ》をもつことばです。昔《むかし》、目上《めうえ》の人《ひと》から物《もの》をもらうときに、頭《あたま》の上《うえ》にささげ持《も》つようなしぐさをしたことから、大事《だいじ》な物《もの》をもらうときに「いただく」と言《い》うようになりました。食事《しょくじ》のときにも、大切《たいせつ》な食《た》べ物《もの》をもらうのだ、という感謝《かんしゃ》の気持《きも》ちをこめて、「いただきます」というあいさつをするのです。

■ありがとう

相手《あいて》への感謝《かんしゃ》の気持《きも》ちをつたえる「ありがとう」ということばは、「ありがたし」ということばが変化《へんか》してできた、といわれています。

「ありがたし」は、漢字《かんじ》では「有《あ》り難《がた》し」と書《か》き、「めったにない、貴重《きちょう》だ」という意味《いみ》のことばでした。それがやがて、仏《ほとけ》さまからいただく貴重《きちょう》な思《おも》いやりへの、感謝《かんしゃ》をあらわすときに使《つか》われるようになったのです。その後《ご》、より意味《いみ》が広《ひろ》くなり、ふつうの感謝《かんしゃ》をあらわすことばとして使《つか》われるようになりました。

「ちょっかいを出《だ》す」のは、どんな動物《どうぶつ》かな？
～ちょっかいを出《だ》す～

あなたは、何《なに》かよけいなことをして、「ちょっかいを出《だ》さないで！」と、しかられたことはありませんか。

「ちょっかいを出《だ》す」ということばは、横《よこ》からよけいな口出《くちだ》しや手出《てだ》しをする、という意味《いみ》で使《つか》われています。じつはこのことば、ある動物《どうぶつ》のしぐさがもとになってできたことばなのですが、どんな

動物《どうぶつ》か、わかりますか。

「ちょっかい」は、「ちょっかき」が変化《へんか》したことばだといわれています。「ちょっかき」は、「ちょっと」ということばと、「頭《あたま》をかく」などに使《つか》われる、手《て》や指《ゆび》でひっかくという意味《いみ》の「かく」を合《あ》わせたもの。つまり、「ちょっかい」というのは、「ちょっと、手《て》でひっかく」というようすをあらわしていることばなのです。

もともと、このことばは、ねこが物《もの》を引《ひ》きよせようとして、一方《いっぽう》の前《まえ》あしを出《だ》すしぐさをいうものだったそうです。動《うご》いている物《もの》にじゃれつくねこのように、横《よこ》からよけいな手出《てだ》しをする、ということから、「ちょっかいを出《だ》す」ということばができたのですね。


ねこは、犬《いぬ》と同《おな》じように、昔《むかし》から人《ひと》の家《いえ》の近《ちか》くでくらし、親《した》しまれてきた生《い》き物《もの》です。だからでしょうか、このほかにも、ねこに関係《かんけい》のあることばはたくさんあります。たとえば、「ねこの手《て》もかりたい」ということばを聞《き》いたことはありませんか。これは、「たいして役《やく》に立《た》たないねこにも、手助《てだす》けをしてもらいたいくらいにいそがしい」というようすをあらわすことばです。ねこはとてもかわいらしい動物《どうぶつ》ですが、「ちょっかいを出《だ》す」や「ねこの手《て》もかりたい」などのことばを見《み》ると、あまり役《やく》に立《た》たず、よけいな手出《てだ》しをする動物《どうぶつ》だと、昔《むかし》の人《ひと》は思《おも》っていたようですね。

「いらいら」や「わくわく」、同《おな》じことばをくり返《かえ》すのはなぜ？

〜いらいら・わくわく〜

物事《ものごと》が思《おも》うように進《すす》まず、あせって心《こころ》が落《お》ち着《つ》かないことを、「いらいらする」といいます。「いら」というのは、草《くさ》や木《き》のとげのことをいう、古《ふる》いことばです。ちくちくしたとげにつつかれると、いやな気持《きも》ちになりますね。そのいやな感《かん》じを、「いら」を二《ふた》つ重《かさ》ねて強調《きょうちょう》したのが、「い

らいら」ということばです。

さて、心《こころ》のようすをあらわすことばには、「いらいら」のように、同《おな》じことばをくり返《かえ》し、強調《きょうちょう》したものがたくさんあります。たとえば「しみじみ」ということばがありますね。「親《おや》の大切《たいせつ》さをしみじみと感《かん》じる」などのように、深《ふか》く心《こころ》に感《かん》じるようすをあらわします。

このことばは、「しみる」ということばを二《ふた》つ重《かさ》ねてできたものです。「しみる」には、「においや色《いろ》がつく」という意味《いみ》のほかに、「心《こころ》に深《ふか》く感《かん》じる」という意味《いみ》があります。この、「心《こころ》に深《ふか》く感《かん》じる」という意味《いみ》を強調《きょうちょう》してできたのが、「しみじみ」ということばなのです。

また、うれしくて心《こころ》がはずむようすをあらわす、「わくわく」ということばがあります。これは、地面《じめん》から水《みず》がふき出《だ》すことをいう、

「わく」ということばを重《かさ》ねてできました。水《みず》がわくように物事《ものごと》があらわれ出《で》るのを見守《みまも》るときの、期待《きたい》にあふれる気持《きも》ちをあらわしています。

「わくわく」とにた意味《いみ》をもつ、「うきうき」はどうでしょうか。これは「楽《たの》しくなる」という意味《いみ》をもつ、「うく」ということばをくり返《かえ》してできています。

これらのことばはどれも、同《おな》じことばを二《ふた》つ重《かさ》ねることで、その気持《きも》ちを、心《こころ》から深《ふか》く感《かん》じている、ということをしめしているのです。「いらいら」するより、「しみじみ」したり「わくわく」したりすることが多《おお》い毎日《まいにち》を送《おく》りたいですね。

「ごまのおかし」と「ごまのはい」、どっちがホント？
～ごまかす～

「うそをついて人《ひと》をだます」という意味《いみ》の、「ごまかす」ということばがありますね。このことばの由来《ゆらい》には、二《ふた》つの説《せつ》があります。

まず、一《ひと》つ目《め》の説《せつ》をしょうかいしましょう。

江戸時代《えどじだい》に、「ごまどうらん」というおかしがありました。これは、

小麦粉《こむぎこ》にごまをまぜてやき、ふくらませてつくるおかしです。ふくらんでいるけれど、中《なか》がからっぽなこのおかしの名前《なまえ》から、「ごまかし」ということばができました。見《み》せかけだけりっぱで、中身《なかみ》がないもののことをこのように言《い》ったそうです。そして、このことばがやがて、「ごまかす」ということばに変化《へんか》した、というわけです。

では、もう一《ひと》つの説《せつ》とは、どんな説《せつ》なのでしょうか。

これも江戸時代《えどじだい》のお話《はなし》です。そのころ、「ごま（よいにおいのする木《き》をもやし、そこに米《こめ》や豆《まめ》などを入《い》れて幸福《こうふく》などをねがう、おいのりのやり方《かた》）のはい（もえかすのこと）」を使《つか》って人《ひと》をだます、というできごとが起《お》きました。おぼうさんのすがたをした人《ひと》がやってきて、「これは、弘法大師《こうぼうだいし》という有名《ゆうめい》なおぼうさんがおいのりをするときに使《つか》った、*ごりやくのある『ごまのはい』ですよ。」と、うそを言《い》って人《ひと》びとをだまし、ただのはいを売《う》りつけた、というのです。このできごとがもとになって、「ごまかす」ということばができたのだ、というのが二《ふた》つ目《め》の説《せつ》です。

ことばの由来《ゆらい》については、はっきりとわからないことがよくあります。「ごまかす」ということばにしても、この二《ふた》つの説《せつ》のどちらが正《ただ》しいのかは、わかっていません。

あなたは、どちらの説《せつ》のほうが合《あ》っていると思《おも》いますか。

ごまのはいですよ
ほんとうかな？
近ごろにせものが
多いからなー

＊ごりやく…神《かみ》さまや仏《ほとけ》さまが人間《にんげん》にあたえるおめぐみ。

はなやかな楽器《がっき》のひき方《かた》からできたことばは？
～はで～

「はで」ということばは、形《かたち》や色《いろ》などがはなやかで目立《めだ》つ、という意味《いみ》で使《つか》われています。

「この服《ふく》、ちょっとはですぎないかしら。」

などというように、今《いま》では、身《み》なりのことや、人《ひと》のようすや行動《こうどう》について、使《つか》うことが多《おお》いですね。

この「はで」ということば、漢字《かんじ》では「派手《はで》」と書《か》きますが、これは当《あ》て字《じ》で、もとは「破手《はで》」と書《か》いた、といわれています。じつは、もともとこの「破手《はで》」とは、身《み》なりや人《ひと》のようすではなく、楽器《がっき》のひき方《かた》をさすことばでした。

「破手《はで》」ということばの由来《ゆらい》は、三味線《しゃみせん》という楽器《がっき》にあります。三味線《しゃみせん》とは、木《き》でできた、どうにはってある三本《さんぼん》の糸《いと》を、ばちや指《ゆび》ではじいてえんそうする、日本に昔《むかし》からあるげん楽器《がっき》です。この三味線《しゃみせん》の、本来《ほんらい》のひき方《かた》や曲《きょく》のことを、「本手《ほんて》」といいました。

さて、江戸時代《えどじだい》のはじめのころ、柳川検校《やながわけんぎょう》*という三味線《しゃみせん》の名人《めいじん》がいました。この柳川検校《やながわけんぎょう》がつくった曲《きょく》は、これまでの「本手《ほんて》」の曲《きょく》

*検校《けんぎょう》…昔《むかし》、目《め》の不自由《ふじゆう》な人《ひと》にあたえられた最高《さいこう》の官名《かんめい》。または、神社《じんじゃ》やお寺《てら》のいっさいの事務《じむ》を取《と》りしまる仕事《しごと》。

とは全《まった》くちがう、とてもにぎやかではなやかなひき方《かた》をする曲《きょく》でした。かたやぶりなこの三味線《しゃみせん》の曲《きょく》は、大《だい》ひょうばんになったそうです。

柳川検校《やながわけんぎょう》が考《かんが》え出《だ》した新《あたら》しい三味線《しゃみせん》の曲《きょく》やひき方《かた》は、これまでの「本手《ほんて》」のやり方《かた》を「破《やぶ》った」、ということから、「破手《はで》」とよばれました。これが「はで」ということばの由来《ゆらい》だと考《かんが》えられています。「破手《はで》」の曲《きょく》やひき方《かた》が、とてもはなやかなものであったことから、身《み》なりや行動《こうどう》がはなやかで、人目《ひとめ》を引《ひ》くようすであることを、「はで」というようになったのですね。

「さぼる」は、どこの国《くに》から来《き》たことば？

～さぼる～

「こら！　さぼっていないで、しっかり勉強《べんきょう》しなさい！」

あなたも、こんなふうにしかられたことはありませんか。なまけたり、ずる休《やす》みをしたりすることを、「さぼる」といいますね。このこと

ば、日本語《ご》のようですが、じつは外国《がいこく》のことばがもとになって生《う》まれたんですよ。

「さぼる」のもとになったことばは、「サボタージュ」というフランス語《ご》です。昔《むかし》、フランスの工場《こうじょう》ではたらいていた人《ひと》たちが、自分《じぶん》たちのもらえるお金《かね》が少《すく》ないことなどにはらをたて、「サボ」という木《き》のくつで工場《こうじょう》のきかいをこわし、仕事《しごと》ができないようにしたのです。

このできごとがもとになって、自分《じぶん》たちののぞみを聞《き》いてもらうために、はたらいている人《ひと》が仕事《しごと》をわざとおくらせたり、休《やす》んだりすることを、「サボタージュ」というようになりました。

やがて、日本にこのことばがつたわってきて、仕事《しごと》をわざと休《やす》むことを「サボタージュする」というようになりました。これが短《みじか》くなってできたのが、「さぼる」ということばです。

日本語《ご》は、とても機転《きてん》のきくことばで、このように外国《がいこく》のことばをすんなりと受《う》け入《い》れ、使《つか》いやすいようにかえていくことがよくあります。「さぼる」の場合《ばあい》は、意味《いみ》もかなりかわり、今《いま》でははたらいている人《ひと》が仕事《しごと》を休《やす》むときだけではなく、勉強《べんきょう》やそうじなどをなまけてやらないことも、「さぼる」というようになりました。

「やせるような思《おも》い」って、どんな気《き》持《も》ち？

～やさしい～

おだやかで、他人《たにん》に対《たい》する思《おも》いやりがある人《ひと》のことを、「やさしい人《ひと》」といいます。今《いま》、わたしたちは「やさしい」ということばを、相手《あいて》のことをほめるときに、よく使《つか》っていますね。しかし、このことば、昔《むかし》は全《まった》くちがう意味《いみ》で使《つか》われて

いたのです。

「やさしい」ということばは、体重《たいじゅう》がへるという意味《いみ》の、「やせる」ということばからできた、といわれています。

「えっ、体重《たいじゅう》がへることと、思《おも》いやりがあることと、どう関係《かんけい》があるの？」

と、ふしぎに思《おも》った人《ひと》も多《おお》いのではないでしょうか。

「やさしい」とは、もともとは「人目《ひとめ》を気《き》にして、身《み》がやせるような思《おも》いをする」という意味《いみ》のことばでした。とてもりっぱな人《ひと》を前《まえ》にすると、自分《じぶん》がみっともなく思《おも》えて、気《き》が引《ひ》けてしまう、ということがありますね。「やさしい」ということばは、そのような自《じ》分《ぶん》をはずかしく思《おも》う気持《きも》ちをあらわしていたのです。相手《あいて》へのほめことばとして使《つか》われる、今《いま》の「やさしい」とは、ずいぶん意味《いみ》がちがいますね。

やがて、時間《じかん》がたつにつれて、そのように人《ひと》の目《め》を気《き》にして、えんりょがちにふるまう人《ひと》のようすをさして、「美《うつく》しい、上品《じょうひん》だ」とほめる使《つか》い方《かた》が生《う》まれました。それがさらに、「他人《たにん》のことに気《き》づかいをする。思《おも》いやりがある」という意味《いみ》で使《つか》われるようになったのです。

「やさしい」ということばはだれでも知《し》っている、かんたんなことばです。しかし、「人目《ひとめ》を気《き》にして、身《み》がやせるような思《おも》いをする」という、もとの意味《いみ》を知《し》ると、このことばには、昔《むかし》の人《ひと》のおくの深《ふか》い気持《きも》ちがこめられているのだなあ、と思《おも》えてきますね。

あれ？　何《なん》だかおかしいぞ？

故《こ》事《じ》成《せい》語《ご》

矛盾《むじゅん》

昔《むかし》、中国《ちゅうごく》の「そ（楚《そ》）」という国《くに》に、たたかいのときに使《つか》う道具《どうぐ》を売《う》っている商人《しょうにん》がいました。

「さあ、わたしの売《う》っている武器《ぶき》やぼうぐを見《み》てください。どれも、すばらしいものばかりですよ。」

集《あつ》まってきたお客《きゃく》さんに向《む》かって、商人《しょうにん》は自分《じぶん》の売《う》っている品《しな》じ

ながどんなにすばらしいものなのか、説明《せつめい》をはじめました。

まず、商人《しょうにん》が見《み》せたのは、りっぱな「たて（盾《たて》）」です。「たて」というのは、手《て》に持《も》って使《つか》うぼうぐで、剣《けん》などで切《き》りつけられたときに、それを受《う》け止《と》める役割《やくわり》をするものです。

「さあさあ、みなさん。このたてを見《み》てください。どうです、このがんじょうなこと！　このたてをつき通《とお》すことができる武器《ぶき》なんて、どこにもありませんよ。」

そして、次《つぎ》に商人《しょうにん》が取《と》り出《だ》して見《み》せたのは、これもまたりっぱな「ほこ（矛《ほこ》）」でした。「ほこ」というのは、長《なが》い持《も》ち手《て》にするどい刃《は》をつけ、つきさすようにして使《つか》う武器《ぶき》のことです。

「さあ、こちらも見《み》てください。どうです、すばらしいほこでしょう。このほこはとてもするどいので、どんな物《もの》でもつき通《とお》すことができるんですよ。」

さて、そこで、話《はなし》を聞《き》いていたお客《きゃく》さんがたずねました。

「おやおや。それじゃあ、お前《まえ》さんの売《う》っているほこで、お前《まえ》さんの売《う》っているたてをつきさしたら、どうなるんだい？」

たてとほこを売《う》っていた商人《しょうにん》は、その質問《しつもん》に答《こた》えることができなかったそうです。

商人《しょうにん》は、お客《きゃく》さんの質問《しつもん》に答《こた》え

られるはずがありませんね。

「何《なん》でもつき通《とお》すことができないたて」ならば、商人《しょうにん》が売《う》ってい たほこでもつき通《とお》せないはずです。また、「何《なん》でもつき通《とお》すことが できるほこ」ならば、商人《しょうにん》が売《う》っていたたてでもつき通《とお》せるはずで す。その両方《りょうほう》があるというのは、おかしな話《はなし》です。

このお話《はなし》に出《で》てくる「ほこ（矛《ほこ》）」と「たて（盾《たて》）」をつなぎ合《あ》わ せて、「矛盾《むじゅん》」ということばができました。商人《しょうにん》の話《はなし》のように、言《い》っ ている内容《ないよう》の前《まえ》と後《あと》とがちがっていて、きちんと説明《せつめい》できないこと を、「矛盾《むじゅん》している」と言《い》います。

漢字《かんじ》のお話《はなし》

④意味《いみ》と音《おん》(読《よ》み方《かた》)を組《く》み合《あ》わせてできた漢字《かんじ》

「漢字《かんじ》のお話《はなし》③」で、いくつかの漢字《かんじ》を組《く》み合《あ》わせてできた漢字《かんじ》をしょうかいしました。それとにていますが、漢字《かんじ》の意味《いみ》と音《おん》（読《よ》み方《かた》）とを組《く》み合《あ》わせてできた漢字《かんじ》、というものがあります。

たとえば、「青《あお》」という漢字《かんじ》があります。この漢字《かんじ》は、「セイ」とも読《よ》みますね。この字《じ》と、太陽《たいよう》という意味《いみ》をあらわす「日《ひ》」を組《く》み合《あ》わせてみましょう。「晴《せい》」という漢字《かんじ》になります。これは、青《あお》い空《そら》に太陽《たいよう》が見《み》えることから、「天《てん》気《き》がよい」という意味《いみ》をあらわし、「セイ」と読《よ》む漢字《かんじ》です。

では、次《つぎ》に「青《あお》」という字《じ》に、水《みず》という意味《いみ》をあらわす「氵（さんずい）」を組《く》み合《あ》わせてみましょう。「清《せい》」という漢字《かんじ》になります。これは、青《あお》くきれいな水《みず》のようすから、「水《みず》がすんでいる」という意味《いみ》をあらわし、「青《せい》」や

「晴《せい》」と同《おな》じように「セイ」と読《よ》む漢字《かんじ》です。

これらの漢字《かんじ》は、「日《ひ》」や「氵《さんずい》」の部分《ぶぶん》が意味《いみ》をあらわし、「青《せい》」の部分《ぶぶん》が読《よ》み方《かた》をあらわしています。このことを知《し》っていれば、たとえば習《なら》ったことのない「精《せい》」という漢字《かんじ》でも、「セイ」と読《よ》むことがわかりますね。

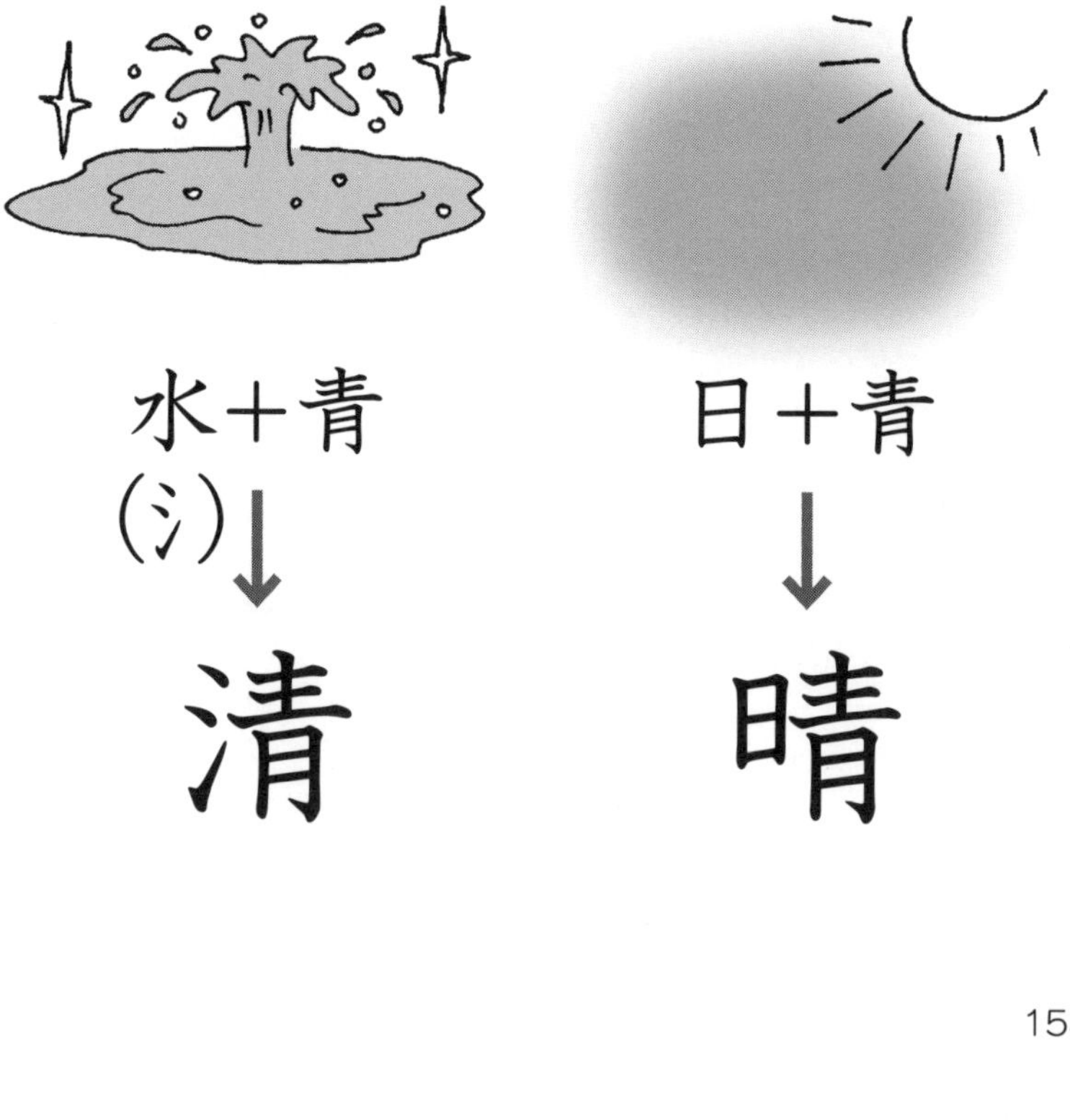

衣《い》服《ふく》・すまいのことば

「はちまき」は、どこにまくのかな？

～はちまき～

運動会《うんどうかい》のときなどに、頭《あたま》にまく細《ほそ》いぬののことを、「はちまき」といいます。漢字《かんじ》では「鉢巻《はちま》き」と書《か》くことから、「はち（鉢《はち》）」に「まく（巻《ま》く）」ためのぬの、ということからできたことばだと、す

ぐにわかります。

この「はち」というのは、入《い》れ物《もの》のしゅるいで、おさらよりもそこが深《ふか》いものをいいます。「植木《うえき》ばち」「金魚《きんぎょ》ばち」などが、身近《みぢか》にある「はち」ですね。しかし、頭《あたま》にまくぬのなのに、「はち」にまく、というのはどうしてなのでしょう。

じつは、「はち」は、大《おお》きさや形《かたち》が人間《にんげん》の頭《あたま》ににていることから、「頭《あたま》」というかわりに使《つか》われることがあります。たとえば、曲《ま》がり角《かど》でごつん！　とぶつかってしまうことを、「はち合《あ》わせ」する、といいますね。このことばの中《なか》の「はち」も頭《あたま》のことをさしており、「はち合《あ》わせ」では「頭《あたま》と頭《あたま》が合《あ》う（ぶつかる）」という意味《いみ》になるのです。これと同《おな》じように、「はちまき」の「はち」も、じつは頭《あたま》のことをあらわしているのですね。

日本では昔《むかし》から、いろいろな場面《ばめん》で、はちまきをしめることがありました。*鎌倉時代《かまくらじだい》には、武士《ぶし》がたたかいに出《で》るときに、頭《あたま》にかぶる「えぼし（烏帽子《えぼし》）」というぼうしが落《お》ちないように、はちまきをしめました。このことからはちまきは、たたかいに出《で》るときの服《ふく》そうの一《ひと》つとも考《かんが》えられています。

今《いま》でも、お祭《まつ》りでみこしをかつぐときや受験《じゅけん》をするときなどに、はちまきをしめることがありますね。大切《たいせつ》な物事《ものごと》に取《と》り組《く》むとき、気持《きも》ちを引《ひ》きしめたり、気合《きあ》いを入《い》れたりするために、はちまきをしめるのです。

*鎌倉時代《かまくらじだい》…今《いま》からおよそ820年前《ねんまえ》の1185年《ねん》から1333年《ねん》までの時代《じだい》。

服《ふく》の「そで」、どうやってできたことばかな？

～そで～

「そで」というのは、服《ふく》の、うでを通《とお》す部分《ぶぶん》のことです。ふだん、わたしたちが着《き》ている洋服《ようふく》のそでは、体《からだ》にぴったりと合《あ》っているものが多《おお》いのですが、昔《むかし》の日本人《じん》が着《き》ていた和服《わふく》のそでには、「たもと」とよばれる部分《ぶぶん》がありました。

お正月《しょうがつ》や、七五三《しちごさん》のときなどに着《き》る和服《わふく》を思《おも》い出《だ》してみてください。そでが、ふくろのようになって下《さ》がっていますね。「ふりそで」

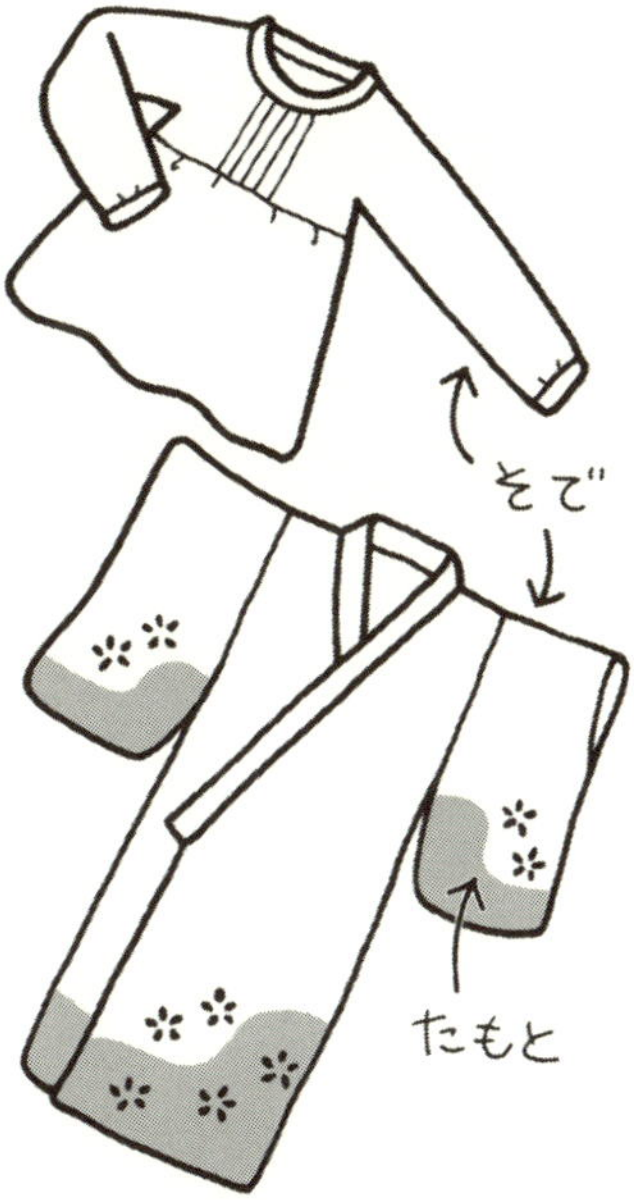

という着物《きもの》などは、この部分《ぶぶん》がとても長《なが》く、足元《あしもと》のほうまで下《さ》がっています。和服《わふく》の場合《ばあい》には、この「たもと」の部分《ぶぶん》までをふくめて、「そで」といいます。

服《ふく》の、うでを通《とお》す部分《ぶぶん》のことを、大昔《おおむかし》には「ころもで（衣手《ころもで》）」とよんでいました。「ころも」は服《ふく》のことをさす古《ふる》い言《い》い方《かた》で、その「手《て》」の部分《ぶぶん》であることからできたことばです。この「ころもで」ということばが言《い》いにくかったために、「ころも」の別《べつ》の読《よ》み方《かた》である「そ」に「手《て》」をつけ、「そで」というようになった、といわれています。

さて、あなたは「そでふり合《あ》うも他生《たしょう》（多生《たしょう》）のえん」ということわざを知《し》っていますか。少《すこ》しむずかしいことばですが、「歩《ある》いていてそでがふれ合《あ》うようなちょっとした出《で》会《あ》いというのも、前世《ぜんせい》からのえんがあるからだ」という意味《いみ》のことわざで、人《ひと》との出《で》会《あ》いを大切《たいせつ》にしなさい、ということを教《おし》えています。

このことわざは、今《いま》、わたしたちが着《き》ている洋服《ようふく》のそでを考《かんが》えるとぴんときません。しかし、和服《わふく》のそでが長《なが》かったことを考《かんが》えると、なるほど、と思《おも》います。昔《むかし》の日本人《じん》は、長《なが》い「たもと」のある和服《わふく》を着《き》ていたので、道《みち》を歩《ある》くとき、見知《みし》らぬ人《ひと》の服《ふく》のそでと、自分《じぶん》の服《ふく》のそでがふれ合《あ》う、ということがよくあったのですね。

江《え》戸《ど》時《じ》代《だい》の人《ひと》が銭《せん》湯《とう》に行《い》くときに、かならず持《も》っていったぬのとは？

～ふろしき～

あなたは、「ふろしき」を見《み》たことがありますか。「ふろしき」とは、昔《むかし》から日本で使《つか》われてきた、物《もの》をつつんだり、持《も》ち運《はこ》んだりするための四角《しかく》いぬののことです。この「ふろしき」、江《え》戸《ど》時《じ》代《だい》の人《ひと》が銭《せん》湯《とう》に行《い》くときには、かならず持《も》っていくものでした。

「ふろしき」は、江《え》戸《ど》時《じ》代《だい》の中《なか》ごろからよく使《つか》われるようになっ

たといわれています。そのころの人《ひと》びとは、たいへんおふろがすきでした。とくに、風《かぜ》が強《つよ》くてほこりっぽかった江戸《えど》（今《いま》の東京《とうきょう》）では、人《ひと》びとは毎日《まいにち》のようにおふろに入《はい》ったそうです。

まだほとんどの家《いえ》にはおふろのせつびがなかった時代《じだい》ですから、人《ひと》びとは町《まち》にある銭湯《せんとう》を利用《りよう》していました。当時《とうじ》の銭湯《せんとう》は、江戸《えど》では「湯屋《ゆや》」、関西《かんさい》では「風呂屋《ふろや》」とよばれ、おふろに入《はい》るだけではなく、みんなで集《あつ》まって楽《たの》しむ場所《ばしょ》でもありました。人《ひと》びとはおふろに入《はい》った後《あと》、お茶《ちゃ》を飲《の》んだりおかしを食《た》べたり、しょうぎをさして遊《あそ》んだりして、銭湯《せんとう》で何時間《なんじかん》もすごしたそうです。

さて、銭湯《せんとう》に行《い》くには、着《き》がえを持《も》っていったり、ぬいだ服《ふく》をつつんで持《も》ち帰《かえ》ったりしないといけません。そのために使《つか》われたのが、「ふろしき」でした。このぬのはまた、おふろから出《で》たときにゆかにしき、その上《うえ》でぬれた足《あし》をふく、という目的《もくてき》でも使《つか》われました。足《あし》をふくために、「ふろ（風呂《ふろ》）」で、「しき（敷《し》き）広《ひろ》げる」ぬの、というところから、「ふろしき（風呂敷《ふろしき》）」とよばれるようになったのです。足《あし》をふいたり、服《ふく》をつつんだりできるなんて、べんりなぬのですね。

今《いま》では、かばんなどを使《つか》って物《もの》を運《はこ》ぶことが多《おお》くなり、ふろしきを使《つか》うことは少《すく》なくなりました。しかし、目的《もくてき》に合《あ》わせてはば広《ひろ》く使《つか》えるふろしきのべんりさは、最近《さいきん》また見直《みなお》されてきています。

貴族《きぞく》の家《いえ》にだけあった、はたらきやすい部屋《へや》とは？
～台所《だいどころ》～

今《いま》、わたしたちの家《いえ》の「台所《だいどころ》」は、流《なが》しやコンロ、食器《しょっき》だななど、料理《りょうり》をしたり、もりつけをしたりするせつびがある部屋《へや》のことですね。このように、家《いえ》の中《なか》で料理《りょうり》をつくる場所《ばしょ》をさす「台所《だいどころ》」ということばは、昔《むかし》、天皇《てんのう》がすんでいた建物《たてもの》にあった、「台《だい》ばん所《どころ》」という部屋《へや》の名《な》

前《まえ》がもとになっている、といわれています。
＊平安時代《へいあんじだい》、「台《だい》ばん」がおかれている部屋《へや》のことを「台《だい》ばん所《どころ》」といっていました。「台《だい》ばん」というのは、そのころ天皇《てんのう》や貴族《きぞく》など、身分《みぶん》の高《たか》い人《ひと》が食事《しょくじ》をするときに使《つか》った、木《き》でできた小《ちい》さなつくえのような台《だい》のことです。当時《とうじ》の貴族《きぞく》たちは、「台《だい》ばん」の上《うえ》に食《た》べ物《もの》をもった食器《しょっき》をのせ、食事《しょくじ》をとっていました。その「台《だい》ばん」がおかれている部屋《へや》、ということは、つまり料理《りょうり》をつくったり、もりつけたりする部屋《へや》のことですね。やがて「台《だい》ばん所《どころ》」を短《みじか》くして、「台所《だいどころ》」ということばができた、といわれています。

さて、身分《みぶん》の高《たか》い人《ひと》たちのすむ建物《たてもの》には、このように古《ふる》くから「台所《だいどころ》」がありましたが、ふつうの人《ひと》がすむ家《いえ》はそうではありませ

＊平安時代《へいあんじだい》…今《いま》からおよそ1200年前《ねんまえ》の794年《ねん》から1185年《ねん》までの時代《じだい》。

んでした。流《なが》しやかまどなど、料理《りょうり》をするためのせつびは家《いえ》の中《なか》のあちこちに分《わ》かれていて、「台所《だいどころ》」とよべるような部屋《へや》はなかったのです。料理《りょうり》のためのせつびが一か所《しょ》にまとめられ、ふつうの人《ひと》の家《いえ》にも「台所《だいどころ》」ができるのは、ずっと時代《じだい》がたち、江戸時代《えどじだい》も終《お》わりのころだった、といわれています。

今《いま》では、どの家《いえ》にもあるのが当《あ》たり前《まえ》のように思《おも》える「台所《だいどころ》」ですが、昔《むかし》は身分《みぶん》の高《たか》い人《ひと》の家《いえ》にだけある場所《ばしょ》だったのですね。

和室《わしつ》にしく「たたみ」、この名前《なまえ》の由来《ゆらい》は？

～たたみ～

げんざいの日本の家《いえ》には、「和室《わしつ》」とよばれる部屋《へや》と、「洋室《ようしつ》」とよばれる部屋《へや》があります。この二《ふた》つの部屋《へや》にはいろいろなちがいがありますが、その大《おお》きなちがいの一《ひと》つが、ゆかのつくり方《かた》です。

洋室《ようしつ》はゆかが木《き》でできていたり、カーペットがしいてあったりしますね。一方《いっぽう》の和室《わしつ》のゆかには、「たたみ」がしいてあります。「たたみ」は和室《わしつ》にはかかせないものですが、さて、この「たたみ」ということばには、どのような由来《ゆらい》があるのでしょう。

今《いま》、わたしたちが知《し》っている「たたみ」は、わらをぬいかためたしんに、「いぐさ」という植物《しょくぶつ》のくきをあんだものをかぶせ、両《りょう》はしにぬののへりをつけたものです。このようにあつみのある「たたみ」を、部屋《へや》にしきつめて使《つか》うようになったのは、室町時代《むろまちじだい》のころからだといわれています。それより前《まえ》の時代《じだい》には、板《いた》でできたゆかに、わらなどをあんでつくった「むしろ」というしき物《もの》や、けものの皮《かわ》などを、何《なん》まいもしいてすわっていました。

じつは、そのころには、むしろや動物《どうぶつ》の毛皮《けがわ》など、すわるときに下《した》にしく物《もの》すべてを、「たたみ」とよんでいたようです。洋室《ようしつ》にしいてあるカーペットとはちがい、このようなしき物《もの》は、使《つか》わないときにはたたんで、部屋《へや》のすみにかたづけておきました。「たたんでおくもの」ということから、「たたみ」ということばはできたのです。

やがて、今《いま》のようにあつみのある「たたみ」を使《つか》うようになったので、使《つか》わないからといって、たたむことはなくなりました。それでも、「たたみ」という名前《なまえ》だけは、そのままのこったのですね。

和室《わしつ》の中《なか》と外《そと》を区切《くぎ》るはたらきをするものは？
～しょうじ～

「たたみ」と同《おな》じように、「しょうじ」も和室《わしつ》の大《おお》きなとくちょうの一《ひと》つです。

和室《わしつ》のまどにはめこまれているしょうじは、木《き》でつくられた格子《こうし》に和紙《わし》をはってつくられています。ガラスまどのなかった時代《じだい》に、うすい和紙《わし》を通《とお》して、外《そと》の明《あ》かりを部屋《へや》の中《なか》に取《と》りこむことができるようにくふうされていたのですね。

しょうじは、漢字《かんじ》では「障子《しょうじ》」と書《か》きます。「子《し》」はことばの終《お》わりにつけ足《た》す字《じ》で、意味《いみ》はありません。「しょう（障《しょう》）」は、「へだてる。さえぎる」という意味《いみ》をもっています。つまり、「しょうじ」ということばは、部屋《へや》の中《なか》と外《そと》を区切《くぎ》って、風雨《あめかぜ》をふせいだり人目《ひとめ》をさえぎったりする道具《どうぐ》、という意味《いみ》をもっているのです。

わたしたちの生活《せいかつ》の変化《へんか》にともなって、たたみやしょうじ、ふすま、しきい、えんがわなど、日本に昔《むかし》からあった、すまいをあらわすことばを耳《みみ》にすることが少《すく》なくなりました。それぞれに意味《いみ》をもつ、このようなことばがなくなってしまうのは、さびしいことですね。

「玄関《げんかん》」は、お寺《てら》の門《もん》をさすことばだった？

～玄関《げんかん》～

学校《がっこう》から帰《かえ》ってきて、「ただいま」と言《い》いながらくつをぬぐ場所《ばしょ》のことを、「げんかん（玄関《げんかん》）」といいます。このことば、わたしたちは家《いえ》の出入《でい》り口《ぐち》という意味《いみ》で使《つか》っていますが、本来《ほんらい》は、全《まった》くちがう意味《いみ》をもっていました。

仏教《ぶっきょう》の修行《しゅぎょう》の一《ひと》つに、禅《ぜん》というものがあります。「玄関《げんかん》」とは、もとはその禅《ぜん》を学《まな》びに入門《にゅうもん》することを言《い》いました。これは、昔《むかし》の中国《ちゅうごく》で禅《ぜん》を教《おし》えたえらい先生《せんせい》の一人《ひとり》である「老子《ろうし》」という人《ひと》の、「玄《げん》妙《みょう》なる道《みち》に入《はい》る関門《かんもん》」ということばがもとになっているようです。むずかしいことばですが、「玄妙《げんみょう》なる道《みち》」というのは、おく深《ぶか》い禅《ぜん》の道《みち》のこと、「関門《かんもん》」は「入《い》り口《ぐち》」のことで、「おく深《ぶか》い禅《ぜん》の道《みち》への入《い》り口《ぐち》」という意味《いみ》をあらわしています。ここから、禅《ぜん》を学《まな》ぶために入門《にゅうもん》することを「玄関《げんかん》」というようになり、やがて禅《ぜん》を教《おし》えるお寺《てら》の門《もん》のことをさすようになった、といわれています。

このことばが中国《ちゅうごく》からつたえられてから、日本でもお寺《てら》の門《もん》のことを、「玄関《げんかん》」というようになりました。それがのちに、ふつうの建物《たてもの》の出入《でい》り口《ぐち》をさすことばとして、使《つか》われるようになったのです。

さて、お寺《てら》だけではなく、広《ひろ》く建物《たてもの》の出入《でい》り口《ぐち》をさすようになった、といっても、昔《むかし》はふつうの家《いえ》には玄関《げんかん》はありませんでした。江戸時代《えどじだい》のころには、玄関《げんかん》をつくることがゆるされていたのは、武士《ぶし》など身分《みぶん》の高《たか》い人《ひと》の家《いえ》だけで、そのころの玄関《げんかん》は、家《いえ》の主人《しゅじん》とお客《きゃく》があいさつをするための、たいへんりっぱな部屋《へや》でした。

ふつうの人《ひと》の家《いえ》に玄関《げんかん》がつくられるようになったのは、明治時代《めいじじだい》になってからのことです。それにしても、「老子《ろうし》」という先生《せんせい》が、今《いま》はどの家《いえ》にも「玄関《げんかん》」がある、と知《し》ったら、きっとびっくりするでしょうね。

故事成語《こじせいご》

蛇足《だそく》

よけいなことをすると、そんをする！

昔《むかし》、中国《ちゅうごく》のある人《ひと》が、家《いえ》におつかえしている人《ひと》たちに、大《おお》きなうつわに入《はい》ったお酒《さけ》をふるまいました。おつかえしている人《ひと》たちは、そのお酒《さけ》を前《まえ》にして、口《くち》ぐちに言《い》いました。

「みんなで分《わ》けて飲《の》むには、お酒《さけ》が少《すく》なすぎるな。」

「だれか一人《ひとり》で飲《の》むことにしよう。」

「どうやって飲《の》む人《ひと》を決《き》めようか。」

すると、ある人《ひと》が言《い》いました。

「よし、それでは、みんなで地面《じめん》にへび（蛇《へび》）の絵《え》をかく競争《きょうそう》をしよう。いちばん先《さき》にへびの絵《え》をかきあげた者《もの》が、このお酒《さけ》を飲《の》むことにしようじゃないか。」

「それはいい。そうしよう。」

おつかえしている人《ひと》たちは、みんな、それっとばかりに地面《じめん》にへびの絵《え》をかきはじめました。

やがて、一人《ひとり》の男《おとこ》がへびの絵《え》をかきあげました。この男《おとこ》は、お酒《さけ》の入《はい》ったうつわを手《て》に持《も》つと、得意《とくい》そうに言《い》いました。

「ほら、へびがかけたよ。これでお酒《さけ》はわたしのものだね。」

さて、まわりの人《ひと》びとがまだ絵《え》をかき終《お》わっていないのを見《み》たこの男《おとこ》、つい調子《ちょうし》にのって、こんなことを言《い》い出《だ》したのです。

「みんな、かくのがおそいなあ。わたしはみんながへびの絵《え》をかき終《お》わる前《まえ》に、へびの足《あし》だってかけるぞ。」

男《おとこ》はそう言《い》いながら、自分《じぶん》のかいたへびの絵《え》に、足《あし》をかき足《た》しはじめました。それがまだかきあがらないうちに、別《べつ》の男《おとこ》のへびの絵《え》がかんせいしました。二番目《ばんめ》にかき終《お》わった男《おとこ》は、へびの足《あし》をかいている男《おとこ》から、お酒《さけ》の入《はい》ったうつわをうばいとると、こう言《い》いまし

た。

「へびには、足《あし》なんてないじゃないか。足《あし》をかいたから、もうその絵《え》はへびではなくなってしまったぞ。」

そして、お酒《さけ》をごくごくと飲《の》んでしまいました。

さいしょにかき終《お》わった男《おとこ》は、よけいなことをしたばっかりに、お酒《さけ》を飲《の》むことができませんでした。

このお話《はなし》から、「よけいなつけ足《た》し。なくてもよいもの」という意味《いみ》の、「蛇足《だそく》」ということばができました。英語《えいご》には、同《おな》じ意味《いみ》をあらわす「馬車《ばしゃ》に五つ目《め》の車輪《しゃりん》をつける」ということわざがあります。へびの足《あし》も、馬車《ばしゃ》の五つ目《め》の車輪《しゃりん》も、いらないものですね。

漢字《かんじ》のお話《はなし》

⑤日本でできた漢字《かんじ》

「漢字《かんじ》のお話《はなし》①」でしょうかいしたように、漢字《かんじ》のほとんどは大昔《おおむかし》の中国《ちゅうごく》でつくられ、日本につたえられたものです。日本にはそれまで文字《もじ》というものがなかったので、漢字《かんじ》を知《し》った人《ひと》びとは、これはべんりなものだ、と思《おも》い、漢字《かんじ》は広《ひろ》く使《つか》われるようになりました。

さて、漢字《かんじ》を使《つか》っているうちに、日本の人《ひと》たちは、自分《じぶん》たちの使《つか》っていることばとうまく合《あ》う漢字《かんじ》がない、と感《かん》じることがありました。たとえば、昔《むかし》、日本では野原《のはら》をやき、その後《あと》の土地《とち》をたがやして作物《さくもつ》をつくっていました。このような土地《とち》、「はたけ」を、ぴったりとあらわす漢字《かんじ》がなかったのです。

そこで、中国《ちゅうごく》でつくられた漢字《かんじ》をまねてつくられたのが、「畑《はたけ》」です。いねを植《う》えて育《そだ》てる「田《た》」と、野原《のはら》をやく「火《ひ》」を組《く》み合《あ》わせてつくったのですね。

また、山道《やまみち》を登《のぼ》りきって、これから下《くだ》りになる、という場所《ばしょ》をあらわす、「峠《とうげ》」。これも、「山《やま》」と「上《うえ》」、「下《した》」という三つの漢字《かんじ》を組《く》み合《あ》わせ、日本でつくられた漢字《かんじ》です。

このように、日本でつくられた漢字《かんじ》を「国字《こくじ》」とよびます。

火＋田

↓

畑

山＋上＋下

↓

峠

監修のことば

汐見稔幸

この本をお読みになったみなさんは、たくさん「目から鱗《うろこ》が落ちる」体験をされたのではないでしょうか。へー、そうだったんだという知識がほんとうにたくさんつまっていますね。

ところで、こうした体験をしたとき、どうして「目から鱗《うろこ》」とか「目から鱗《うろこ》が落ちる」とか言うのでしょうか。実はこの言い方は日本の昔からのものではなくて、西洋のものなのです。キリスト教の新約聖書の使徒言行録九章に、後にキリスト教の大切な使徒となるパウロ（サウロ）の話が出てきます。パウロは、ダマスコという町に行く途中で雷に打たれたような体験をして、そのあと目が急に見えなくなってしまいます。そのままダマスコまで連れて行ってもらったあと、そこであるキリスト教徒と出会い祈ってもらいます。すると目から鱗のようなものが落ちてまた目が見えるようになったといいます。ですから、もともとの意味は誤りを悟り正しい信仰に入るということだったのですが、そこから、急に視野が広がって、今までわからなかったことがわかるようになるという意味で使われるようになったわけです。おもしろいですね。

この本は、よく使うけれどもなぜそう言うのか自明ではない言葉の由来を説明したものですが、言葉の由来を知るということは単なる物知りになるということにとどまりません。由来を知ることで、昔の人の生活そのものやこだわって大切にしていたもの、避けようとしていたものなどがわかります。そして、そこから歴史や文化、人間に対する興味や関心が深まります。そのことが大事なのです。

また、人間にとってもっとも大切なもののひとつである言葉をもっと大切にしようという気持ちになるということも大きな効果でしょう。

小学校の中学年ぐらいは、、それまで当たり前と思っていたことに対して、ある理由があってそうなっているのだということを知ることによって、世界観が急速に深まり始める大事な時期です。この本の意義はその意味でたいへん大きいと思います。また、やさしくわかりやすい内容ですので、低学年のお子さんでもじゅうぶん楽しめると思います。

汐見稔幸
白梅学園大学学長　東京大学名誉教授。
専門は教育学、育児学、保育学。人間学的な視点から、保育や育児の意味とあり方を探求している。最近の著書に『子どもの自尊感と家族』（金子書房）『子どもが育つお母さんの言葉がけ』（ＰＨＰ研究所）など多数。

監　修　白梅学園大学学長 汐見稔幸

文　鈴木あゆみ
表紙絵　たかいよしかず
本文絵　いとうみき　幸池重季　柴田亜樹子　鳥飼規世　nachicco　にいじまみわ
牧野タカシ　安田道章
装丁・本文デザイン　有限会社 木村図芸社（香川旭洋）

おもな参考資料　ふしぎびっくり語源博物館1～5（ほるぷ出版）　なぜなに大語源（ポプラ社）
こども語源じてん（講談社）　たのしくわかる ことばの辞典 ①語源辞典（小峰書房）
まんがで学ぶ 語源（国土社）　暮らしのことば 新語源辞典（講談社）
衣食住語源辞典（東京堂出版）　語源辞典動物編（東京堂出版）
からだノビノビ 語源の話（岩崎書店）　中国古典文学大系（平凡社）
おもしろ国語ゼミナール③漢字大研究（ポプラ社）

知って びっくり！ ことばのはじまり物語
2010年10月16日　第1刷発行　　2011年3月14日　第3刷発行

発行人　真当哲博
編集人　遠田　潔
企画編集　小泉隆義　斎藤元晴
編集協力　株式会社 あいげん社

発行所　株式会社 学研教育出版
〒141-8413　東京都品川区西五反田 2-11-8
発売元　株式会社 学研マーケティング
〒141-8415　東京都品川区西五反田 2-11-8
印刷所　三晃印刷株式会社

この本に関する各種お問い合わせ先
【電話の場合】
●編集内容については　Tel 03-6431-1617（編集部直通）
●在庫、不良品（落丁、乱丁）については　Tel 03-6431-1197（販売部直通）
●学研商品に関するお問い合わせは　Tel 03-6431-1002（学研お客様センター）
【文書の場合】
〒141-8418 東京都品川区西五反田 2-11-8　学研お客様センター『ことばのはじまり物語』係

【お客様の個人情報取り扱いについて】
アンケートはがきにご記入いただいてお預かりした個人情報に関するお問い合わせは、株式会社学研教育出版
幼児・児童書出版事業部　絵本・児童書編集室（電話 03-6431-1617）までお願いいたします。
当社の個人情報保護については、当社ホームページ　http://gakken-ep.co.jp/privacypolicy/ をご覧ください。

ISBN 978-4-05-203336-0　（NDC 812　184 P　21.0cm × 14.8cm）